Raquel Hernández de Escobar

La herencia

Una aventura
en Hispanoamérica

Ernst Klett Sprachen
Stuttgart

1. Auflage 1 ¹ ² ³ ⁴ ⁵ | 2020 19 18 17 16

Internetadresse: www.klett-sprachen.de

Illustrationen: Sven Palmowski, Barcelona

Redaktion: Marcelo Rodríguez
Layoutkonzeption: Andreas Drabarek
Satz: Satzkasten, Stuttgart
Umschlaggestaltung: Andreas Drabarek
Umschlagfoto: Shutterstock (Ruslan Grumble), New York
Druck und Bindung: Medienhaus Plump GmbH,
Rolandsecker Weg 33, 53619 Rheinbreitbach
Printed in Germany

ISBN 978-3-12-535657-3

Índice

1. Empiezan las vacaciones

Enrique se levanta. Es muy temprano. Es un muchacho fuerte y guapo de pelo negro y piel morena.

Esta mañana Enrique está triste. Saca de su bolso una carta de su novia María Jackson, que estudia en la Universidad de Texas, y la lee por segunda vez. En la carta, ella escribe que no puede ir a México este verano porque su papá está enfermo. Tiene que quedarse en casa y ayudar a la mamá.

Enrique piensa tanto en María que no quiere desayunarse. Si no viene María, ¿cómo va a pasar el verano? Sus planes eran mostrarle a ella toda la ciudad de México, pero ahora… ,¿qué va a hacer? A cada momento se siente más triste.

Enrique está de vacaciones porque acaba de terminar sus exámenes finales de Derecho en la Universidad de México. Pero las vacaciones van a ser muy largas y aburridas para él sin la visita de María.

Todavía está pensando en ella cuando alguien toca a la puerta. Es su mejor amigo, Javier Solano. Él también es fuerte y moreno. Generalmente Javier es alegre, pero hoy él también está triste.

– ¿Qué te pasa? –pregunta Enrique–. ¿Por qué estás triste?

– Recibí muy malas noticias –contesta Javier–, pero no todas son malas. La semana pasada murió mi tío favorito, don Augusto Raimundo Solano. Era multimillonario y poseía unas fabulosas huertas de naranjas en Valencia.

– Lo siento mucho –dice Enrique.

– Ahora te cuento las buenas noticias. Como sabes, mi tío era un aventurero y viajaba por todo el mundo. El único pasatiempo

---

3 **la piel morena** die dunkle Haut | 9 **desayunar(se)** frühstücken | 10 **mostrarle a ella** ihr zeigen | 11 **a cada momento** jeden Augenblick | 13 **acaba de terminar** er hat soeben beendet | 14 **el derecho** *hier:* Jura | 15 **aburrido** langweilig | 17 **tocar a la puerta** an die Tür klopfen | 22 **murió *(morir)*** er starb | 22 **mi tío favorito** mein Lieblingsonkel | 23 **fabuloso** phantastisch, fabelhaft | 24 **la huerta de naranjas** die Apfelsinenplantage | 27 **el aventurero** Abenteurer | 27 **el pasatiempo** Zeitvertreib

tranquilo que a él le gustaba era el ajedrez. Era muy aficionado al ajedrez.

– Es cierto. Pero dime, ¿cuáles son las buenas noticias?

– Pues, mi tío Augusto me dejó en testamento cien mil dólares.

– ¡Cien mil dólares! –exclama Enrique.

– Sí, pero primero tengo que encontrar unas piezas de ónix que completan un juego de ajedrez –dice Javier. Pero cuando ve la expresión de curiosidad en la cara de su amigo, explica:

– Cuando yo era muy niño, mi tío me dio las piezas blancas de un juego de ajedrez. Y, ahora, para recibir mi herencia, tengo que ir a diferentes países para buscar todas las piezas negras y completar el juego.

– Esas sí son buenas noticias. Son buenas para ti.– Déjame terminar. Tú me vas a ayudar.

– ¡Yo! ¿Cómo? –pregunta Enrique.

– El abogado de mi tío me dice que un amigo puede ir conmigo porque mi tío dejó suficiente dinero para un viaje de dos personas. ¿Qué te parece viajar conmigo?

– ¡Fantástico! ¿Cuándo empezamos?

– Empezamos esta tarde. Tenemos que ir al Club Rotario para hablar con el señor José González Lozano*, amigo de mi tío. Él nos va a decir adónde tenemos que ir primero –dice Javier. Ahora sonríe y está más animado. Los muchachos casi se olvidan de almorzar pero Javier, ahora muy contento, tiene hambre.

---

1 **el ajedrez** Schachspiel | 1 **aficionado al ajedrez** begeisterter Schachspieler | 4 **dejar en testamento** hinterlassen | 6 **unas piezas de ónix** einige Schachfiguren aus Onyx | 7 **completar** vervollständigen | 10 **la herencia** das Erbe | 16 **el abogado** Rechtsanwalt | 18 **¿Qué te parece… ?** Was hältst du davon … ? | 20 **el Club Rotario** der Rotaryclub | 23 **animado** *hier:* munter | 23 **almorzar** *bes. Am* zu Mittag essen

* Siehe „Landeskundliche Anmerkungen" ab Seite 82.

Preguntas

1. ¿Cómo es Enrique? ¿Qué hace?
2. ¿Quién es Augusto Raimundo Solano?
3. ¿Cuáles son las buenas noticias de Javier?
4. ¿Qué tiene que hacer Javier para conseguir su herencia?
5. ¿Por qué son buenas para Enrique las noticias de Javier?

Conversación

1. ¿Qué juegos le gusta practicar o ver a usted?
2. ¿Planea usted sus vacaciones detalladamente o le gusta improvisar?

2. ¿Dónde está la carta?

Los dos muchachos llegan al Club Rotario a las dos y media de la tarde. Preguntan a la recepcionista si está el señor José González Lozano.

– Sí, cómo no. Vayan derecho por este corredor y doblen a la izquierda. El señor González está en la biblioteca.

Javier y Enrique caminan a la biblioteca del club. Todo está muy silencioso. Los dos buscan por todos lados pero no ven a nadie. Entran en la biblioteca oscura y buscan al señor González. De repente, alguien exclama en voz alta:

– ¡Javier! ¡Qué milagro verte por aquí!

Detrás de un estante sale un hombre bajo y gordo. Tiene una sonrisa amable y la expresión de alguien que ama la vida.

– ¿Señor González? –pregunta Javier.

– Sí, sí. A sus órdenes. Augusto me dijo que tú me visitarías después de su muerte. ¡Y aquí estás! Eres más bajo y delgado de lo que te imaginé. Pero lo importante es que estás aquí. ¿Quién es tu amigo? ¿Quieren tomar un café? –El señor González habla tan rápido que Javier apenas le puede contestar.

– Perdón. Quiero presentarle a mi amigo Enrique Pereda –dice Javier–. Ambos estudiamos Derecho en la Universidad de México. Estamos aquí para…

– ¿Derecho? Una profesión muy buena. Sí, sí, muy buena –interrumpe el señor González–. Cuando yo tenía 17 años, quería estudiar Derecho pero no lo hice. Tengo una memoria muy mala. Sí, muy mala. De un día a otro no recuerdo nada, nada. Javier está un poco impaciente. Interrumpe:

---

3 **la recepcionista** Empfangsdame | 5 **vayan derecho** gehen Sie geradeaus | 5 **el corredor** *hier:* der Flur | 5 **doblar** *bes. Am* biegen | 8 **silencioso** still | 12 **el estante** Regal | 13 **la sonrisa** das Lächeln | 15 **A sus órdenes** *Mex* Zu Ihren Diensten | 16 **Eres más bajo de lo que te imaginé.** Du bist kleiner als ich dich mir vorgestellt hatte. | 25 **pero no lo hice** ***(hacer)*** aber ich tat es nicht | 27 **impaciente** ungeduldig

– Señor González, estamos aquí para hablar de las piezas negras de ónix que completan el juego que me dio mi tío. Y quiero saber adónde tenemos que ir primero.

– Ah, sí, sí. No te preocupes. Estoy tratando de recordar lo que me dijo Augusto. Déjame pensar–. Se sienta en una silla y murmura:

– ¿Dónde está la carta? ¿En la caja fuerte? No, no está allí porque Augusto sabía que nunca puedo recordar la combinación. A ver. ¿Está en mi juego de ajedrez? No, no, tampoco puede estar allí porque perdí el juego hace dos años.

– ¡Señor González! –interrumpe Javier, ahora muy impaciente– ¿No tiene usted idea de dónde está la carta?

– A ver. A ver. Sé que la carta con toda la información está en esta biblioteca. De eso estoy seguro.

– Quizá podemos buscar la carta juntos –sugiere Enrique.

Los muchachos y el señor González empiezan a buscar la carta por toda la biblioteca. Buscan debajo de las sillas, debajo de las lámparas, detrás de los cuadros y en los estantes. Buscan una hora sin encontrar nada.

Enrique busca otra vez en los estantes. Con una sonrisa dice:

– Aquí hay un libro muy bueno para usted, señor González: *Cómo mejorar la memoria en diez días.*

El señor González se para; tiene una expresión muy curiosa en la cara. Se rasca la cabeza y exclama:

– ¡Allí está! ¡La carta está en el libro! ¿Por qué no me acordé de eso antes?

4 **No te preocupes.** Mach dir keine Sorgen. | 5 **murmurar** murmeln | 7 **la caja fuerte** Tresor | 8 **la combinación** Zahlenkombination | 15 **sugiere** ***(sugerir)*** er schlägt vor | 23 **curioso** *hier:* merkwürdig | 24 **Se rasca la cabeza.** Er kratzt sich am Kopf. | 25 **¿Por qué no me acordé de eso antes?** Warum bin ich vorhin nicht darauf gekommen?

Preguntas

1. ¿Por qué van los estudiantes a ver al señor González?
2. ¿Por qué no está la carta en la caja fuerte?
3. ¿Dónde buscan la carta los muchachos y el señor González?
4. ¿Qué encuentra Enrique en un estante?

3. Preparativos

– ¿Cómo es posible no acordarse de que Augusto dejó la carta en el libro «Como mejorar la memoria»? –se pregunta el señor González y sigue murmurando:

– Augusto se burlaba tanto de mi mala memoria que por esa razón dejó la carta en ese libro. Claro, ahora me acuerdo.

Mientras habla el señor González, Enrique abre el libro. En el centro del libro hay un sobre blanco con el nombre «Javier».

– Déjeme ver la carta –dice Javier. Toma el sobre, abre la carta y lee en voz alta:

«Mi querido Javier:

La primera pieza de ónix está en la Ciudad de Guatemala. Habla con el señor Absalón Fernández. El señor Fernández es arqueólogo y tiene un peón de ónix negro. Te deseo muy buena suerte en tu viaje.

¡Una cosa muy importante! Quiero que escribas todo lo que te pasa en un diario: tus experiencias, tus impresiones, etc. Es una de las mejores maneras de recordar y apreciar bien las experiencias que tiene uno. Al terminar el viaje, preséntale el diario a mi abogado; él sabrá qué hacer entonces.

Con cariño,

Augusto»

– ¡La Ciudad de Guatemala! ¿Cómo vamos allá? pregunta Enrique asombrado.

---

1 los preparativos Vorbereitungen | **5 burlarse de** sich lustig machen über | **14 el arqueólogo** Archäologe | **14 el peón** Bauer *(Schachspiel)* | **16 Quiero que escribas...** Ich möchte, dass Du ... schreibst. | **20 Él sabrá qué hacer** Er wird wissen, was zu tun ist. | **24 asombrado** erstaunt

– Con el dinero que dejó mi tío para el viaje podemos ir en avión. El aeropuerto de la Ciudad de Guatemala es uno de los mejores de Centroamérica –contesta Javier.

Los muchachos hablan un rato con el señor González y después se despiden de él. Van a una agencia de viajes y piden la lista de los vuelos a la Ciudad de Guatemala. Hay un vuelo al día siguiente en un avión de Aviateca, la compañía guatemalteca. Pagan los boletos y regresan a la casa para empacar. Javier compra también un cuaderno verde oscuro para su diario.

Antes de acostarse, Javier escribe todos los sucesos del día en su diario, incluso sobre la mala memoria del señor González. Cuando termina y se acuesta, no puede dormir. Está pensando en el viaje y en las figuras del ajedrez.

Al día siguiente los dos muchachos se reúnen en el aeropuerto. Tienen sus maletas llenas de camisas, pantalones, calcetines y suéteres de varios colores. Los dos pasan por la aduana antes de abordar el avión. Mientras que el inspector está ocupado inspeccionando las maletas de Enrique y Javier, un hombre alto y flaco entra rápidamente en el avión. Lleva una pequeña maleta negra en la mano.

Los muchachos hablan del viaje y de las aventuras de don Augusto. El avión despega.

Una vez en el aire, la aeromoza da café y pasteles a los pasajeros. Javier se duerme porque no durmió la noche anterior. Pero Enrique observa a todos los pasajeros. Y ve cómo el señor misterioso abre su maleta pequeña y saca algo brillante.

Enrique trata de ver mejor lo que tiene el hombre en la mano. ¡Es una pistola!

---

5 **se despiden *(despedirse)*** sie verabschieden sich | 6 **el vuelo** Flug | 7 **guatemalteco** aus Guatemala | 7 **el boleto** *Am* der (Flug-)Schein | 8 **empacar** *Am* die Koffer packen | 11 **incluso sobre …** sogar über … | 16 **el suéter** *bes. Am* Pullover | 17 **abordar** besteigen | 17 **el inspector** *hier:* Zollbeamter | 17 **inspeccionar** untersuchen | 23 **Una vez en el aire …** Einmal oben … | 23 **la aeromoza** *Am* Stewardess | 24 **la noche anterior** vorige Nacht

Preguntas

1. ¿Dónde está la primera pieza de ajedrez? ¿Cuál es?
2. ¿Con quién tienen que hablar para encontrarla?
3. ¿Por qué necesita Javier un diario durante el viaje?
4. ¿Con qué compañía aérea viajan?
5. ¿Duermen los dos estudiantes en el avión?
6. ¿Qué saca el hombre misterioso de su maleta negra?

Conversación

1. ¿Lee usted con gusto memorias de personajes de la vida política, artística, etc.? ¿Le interesan? ¿Por qué?
2. ¿Qué cosas metería usted en su maleta para pasar una semana en Guatemala?

4. Un vuelo peligroso

Una aeromoza lleva un vaso con agua* al señor misterioso. Mientras ella se lo da, el hombre le apunta con la pistola y dice en voz baja:

– Vamos a hablar con el piloto. Este avión va a hacer un pequeño desvío.

Con la pistola escondida en el bolsillo de su chaqueta, el señor camina con la aeromoza hacia la cabina del piloto. Enrique salta de la silla y sujeta fuerte los brazos del señor. Una mujer asustada grita. Javier se despierta y también salta de la silla para ayudar a su amigo.

Los dos pelean con el hombre. Enrique le quita la pistola de la mano y se la da a la aeromoza. Ella apunta al señor y dice:

– ¡Siéntese aquí!

El hombre se enoja y trata de escapar, pero Enrique lo empuja a una silla. Javier encuentra una cuerda fuerte y le ata las manos detrás de la silla.

– Así no puede hacer nada –dice.

La aeromoza habla con los muchachos:

– Por favor, quédense con él. Vamos a llegar enseguida a la Ciudad de Guatemala.

– Sí, con mucho gusto –contesta Javier, tomando la pistola.

– Quédese usted muy quieto –dice Enrique.– No se mueva para nada.

Ambos muchachos observan al señor hasta llegar al Aeropuerto Aurora de la Ciudad de Guatemala. El avión aterriza y, al momento en que se para, lo abordan cuatro policías. Dos de ellos

---

3 Le apunta con la pistola. Er zielt mit der Pistole auf sie. | **6 el desvío** Umleitung | **8 la cabina del piloto** Cockpit | **9 sujetar** festhalten | **9 asustado** erschrocken | **12 Los dos pelean con el hombre.** Beide schlagen auf den Mann ein. | **15 escapar** entkommen | **16 la cuerda** Strick | **20 Quédense con él.** Bleiben Sie bei ihm. | **26 aterrizar** landen

llevan al hombre a la cárcel mientras que los otros dos hablan con la aeromoza, con Enrique y Javier y con los otros pasajeros.

Por fin, todos pueden bajar del avión; Enrique y Javier son los últimos en bajar. Cuando salen del avión, muchísimos reporteros empiezan a sacarles fotografías y hacerles preguntas.

Los dos tienen que contar otra vez todo lo que pasó en el avión. Ya es noche cuando llegan a la pensión donde piensan pasar la noche.

– Quiero acostarme ahorita y no levantarme hasta mañana a las doce –dice Enrique, sentándose en la cama.

– Yo también –dice Javier–, pero debo escribir en el diario lo que nos pasó hoy.

– Es cierto –dice Enrique–, y yo debo escribir una carta a María y otra a mis padres.

Los dos sacan papel y plumas y empiezan a escribir. A los diez minutos, ambos se quedan completamente dormidos.

Preguntas

1. ¿Qué hace un pasajero cuando una aeromoza le lleva un vaso de agua?
2. ¿Y qué hace Enrique cuando los ve dirigirse hacia el compartimiento del piloto?
3. ¿Qué hace Javier cuando el hombre está ya sentado en una silla?
4. ¿Qué les pasa a Enrique y Javier cuando bajan del avión?
5. ¿Qué quieren hacer los dos muchachos antes de acostarse?

---

1 **la cárcel** Gefängnis | 7 **Ya es noche.** *Am* Es ist schon dunkel. | 9 **ahorita** *Am* sofort | 11 **lo que nos pasó hoy** was uns heute passiert ist

5. Por la radio de onda corta

A la mañana siguiente, Enrique y Javier se levantan tarde. Se arreglan para salir en busca del arqueólogo. Antes de salir, se ponen sus suéteres porque hace frío. –Si estamos en un país tropical, ¿por qué está tan fresco el clima? –pregunta Javier.

– Es que el clima depende de la altitud de la tierra. En una zona baja hace calor y en una zona alta hace frío –explica Enrique. Se dirigen a un café para tomar el desayuno. Un muchachito que vende periódicos de repente exclama:

– ¡Allí están! Ustedes son los que capturaron al salteador ayer, ¿verdad?

– Sí –contesta Javier–, pero, ¿cómo lo sabes?

– Pues, lean –dice el muchacho, dándoles un periódico.

En la primera página hay una foto grande de Enrique y Javier bajando del avión.

– ¿Me hacen el favor de firmar este periódico? –les pide el muchachito. Sonriendo, los dos jóvenes lo firman.

– Ahora puedo decirles a mis hermanas que yo hablé con dos héroes–. El muchacho sonríe y guarda el periódico en una bolsa grande.

Enrique compra dos periódicos para mandar a casa y a María; Javier compra uno para poner en su diario.

– Apenas empezamos el viaje y ya hemos tenido una aventura –comenta Enrique después del desayuno.

– Es emocionante, ¿no? –dice Javier–, pero ahora debemos encontrar al arqueólogo del que escribió mi tío–. Regresan a la pensión y buscan el nombre de Absalón Fernández en el directorio telefónico.

– Aquí está el número –dice Enrique.

---

1 **la onda corta** Kurzwelle | 2 **arreglarse** *hier:* sich anziehen | 6 **la altitud** Höhe | 10 **el salteador** *hier:* Entführer | 25 **emocionante** aufregend | 27 **el directorio telefónico** *Am* Telefonbuch

Javier marca el número. Suena tres veces y contesta una mujer. Es la secretaria del señor Fernández. Javier le cuenta de la muerte de su tío, de la pieza negra de ajedrez y también de la carta. Hay un largo silencio y la cara de Javier se pone triste. Se despide de la señorita y cuelga el teléfono.

– El señor Fernández salió ayer para la región del Petén* y va a pasar allí tres meses.

– ¡Tres meses! –exclama Enrique–. No podemos esperar tanto tiempo. ¿No podemos ir allá?

– No sé, pero creo que sí –dice Javier–. El señor Fernández está estudiando las ruinas mayas de Tikal*. Posiblemente hay un avión o un aerotaxi que va allá. Vamos a la oficina del señor Fernández para preguntar.

Enrique y Javier van a la oficina y le explican todo a la secretaria, la señorita Isabel Gutiérrez.

– Claro. Entiendo bien. Pero no sé cómo… –les dice. Ajá. Ya sé. ¡Podemos hablar con él por la radio de onda corta! Vengan conmigo.

La siguen a un cuarto pequeño con muchas máquinas. Ella se pone unos auriculares. Se oye mucha interferencia en la radio. Por fin contesta el señor Fernández.

El señor Fernández dice que tiene la pieza de ónix en el campamento y los invita a visitarlo y a visitar con él las ruinas mayas.

Entonces, con la ayuda de la señorita Gutiérrez, los muchachos se ponen en camino hacia el campamento arqueológico del Petén.

---

1 marcar wählen *(Telefon)* | **1 Suena tres veces.** ***(sonar)*** Es läutet dreimal. | **5 Cuelga el teléfono.** ***(colgar)*** Er legt auf. | **11 las ruinas mayas** Überreste der Maya-Kultur | **12 el aerotaxi** Lufttaxi | **20 los auriculares** Kopfhörer | **20 la interferencia** *hier:* Geräusche | **22 el campamento** Lager | **25 ponerse en camino** sich auf den Weg machen

Preguntas

1. ¿Por qué hace frío en la ciudad de Guatemala?
2. ¿Por qué quieren los muchachos comprar periódicos?
3. ¿Qué hacen Javier y Enrique al saber que el arqueólogo no está en Guatemala?
4. ¿Qué ofrece el señor Fernández a Javier y Enrique?

Conversación

1. ¿Puede usted contar cómo y dónde se venden los periódicos en su ciudad?
2. ¿Puede usted contar su último viaje en avión o en tren?

6. En el campamento

Cuando aterriza el avioncito, Javier y Enrique bajan e inmediatamente se quitan los suéteres. En las selvas del Petén hace muchísimo calor y hay mucha humedad. Un hombre completamente calvo y con unos ojos azules los saluda. Tiene un fuerte acento inglés.

– Bienvenidos. El señor Fernández me mandó para recibirlos y llevarlos al campamento. Me llamo Christopher Whitlatch. Soy asistente del señor Fernández.

– Mucho gusto –dicen Enrique y Javier a coro.

– Aquí está nuestra transportación –dice el señor Whitlatch.

Ambos muchachos miran. A la izquierda hay tres caballos.

– ¿Saben ustedes* montar? –les pregunta.

– Sí, yo monto a caballo todos los fines de semana contesta Javier, sonriendo. Pero Enrique no sonríe.

– Yo jamás he montado a caballo –dice.

El Sr. Whitlatch le asegura:

– No te preocupes. Puedes montar a Rebelde. A pesar del nombre, es una yegua mansa.

– ¿Dice que se llama Rebelde? Vamos a ver –dice Enrique, no sin cierto miedo.

Todos se montan a caballo y empiezan a seguir la senda que lleva al campamento. Los muchachos están fascinados con los animales y las plantas que ven. Arriba, en los árboles, hay un pájaro con plumas largas de muchos colores. Tiene el pecho rojo y una cola larga. –¿Qué pájaro es ese?– pregunta Javier.

---

2 el avioncito kleines Flugzeug | **3 la selva** (Ur-)Wald | **4 la humedad** Feuchtigkeit | **5 calvo** kahlköpfig | **5 el acento** Akzent | **7 ¡Bienvenidos!** Willkommen! | **7 mandar** *hier:* schicken | **9 el asistente** Assistent | **10 a coro** gleichzeitig | **11 la transportación** *Am* Verkehrsmittel | **14 montar (a caballo)** reiten | **19 la yegua** Stute | **19 manso** zahm | **22 la senda** Pfad | **23 fascinado** fasziniert

– Es el quetzal*, el pájaro nacional de Guatemala. Simboliza la libertad porque se dice que no puede vivir en cautividad –responde el señor Whitlatch.

– ¡Qué hermoso es!

Cuando llegan al campamento, ya es de noche. Todos se bajan de los caballos.

– ¡Caray! –exclama Enrique. Y empieza a caminar con dificultad.

– ¿Qué te pasa? –pregunta Javier con una sonrisa burlona.

Como él monta todos los fines de semana, está acostumbrado a sentarse en una silla de montar.

– Nada. Solamente estoy un poco dolorido –responde Enrique–. No voy a sentarme por un rato.

De una tienda grande sale el señor Fernández. Saluda amablemente a los muchachos:

– ¡Javier! ¡Cómo has crecido! Yo te conocí cuando tenías ocho años. He sentido mucho la muerte de Augusto. Era un hombre fino e inteligente. Era muy buen amigo. ¿Por qué no entramos en mi tienda antes de que los insectos nos coman vivos?

Todos entran en la tienda y se sientan en unas sillas y en el catre. Hablan mucho tiempo a la luz de una linterna. El arqueólogo les cuenta de una aventura en que don Augusto le salvó la vida durante un estudio de otras ruinas mayas.

Javier, impaciente por ver la primera pieza de ónix negro, pregunta al arqueólogo:

El señor Whitlach ve a un hombre afuera, se despide del grupo y sale de la tienda.

– Señor Fernández, ¿tiene usted la figura de ajedrez?

---

1 **simbolizar** symbolisieren | 2 **la cautividad** die Gefangenschaft | 7 **¡Caray!** Donnerwetter! | 9 **burlón, burlona** spöttisch | 10 **está acostumbrado a** er ist daran gewöhnt zu | 11 **la silla de montar** Sattel | 12 **dolorido** angeschlagen | 19 **la tienda** *hier:* Zelt | 19 **antes de que los insectos nos coman vivos** bevor die Insekten uns bei lebendigem Leibe auffressen | 20 **el catre** Feldbett | 21 **la linterna** Taschenlampe | 21 **Les cuenta de la vez que**… Er erzählt ihnen von dem Vorfall, als …

– Sí, la tengo aquí –responde. Se para y saca una caja de una maleta grande. Con una llave la abre y adentro está el peón negro.

– ¿No hay una carta? –pregunta Enrique–. ¿Cómo vamos a saber adónde ir para la próxima pieza?

Javier toma la pieza en la mano y la examina con cuidado.

– Creo que hay algo escrito en el fondo, pero no veo bien.

El señor Fernández saca una lupa y se la da a Javier. La toma y empieza a leer.

– Ahora veo mejor. Dice Ni-ca-ra-gua –lee en voz alta. – Y aquí hay más. Ma-na-gua. Señora de Val-ver-de.

– Está bien. Tenemos que ir a Managua, Nicaragua y hablar con la señora de Valverde –dice Enrique – En toda la ciudad de Managua, ¿cómo la encontramos?

– Es la dueña de una modistería en Managua. Augusto hablaba mucho de ella –comenta el señor Fernández.

– ¿Cómo conoció mi tío a la dueña de una modistería? –se pregunta Javier con una expresión de curiosidad.

– ¿Quién sabe? –dice Enrique, bostezando.

– Es muy tarde. Acuéstense. Mañana viene el avión a mediodía. Así les dará tiempo para ver las ruinas de Tikal –dice el arqueólogo.

Los dos dan las gracias al señor Fernández y entran en la tienda. Javier pone la pieza en el bolsillo de sus pantalones. Saca su diario y escribe las impresiones del día. Enrique se acuesta en el catre y se duerme.

Es muy noche cuando Javier deja de escribir y apaga la linterna. Todavía no está dormido cuando oye unas voces afuera de la tienda. Reconoce la voz del señor Whitlatch.

– Lo tenemos que hacer mañana. El jefe no esperará más tiempo. Podemos poner la estatua en el avión que van a tomar los

---

7 **la lupa** Lupe | 16 **la modistería** *Mex* Bekleidungsgeschäft | 18 **bostezar** gähnen | 19 **Acuéstense.** ***(acostarse)*** *Am* Geht ins Bett! | 20 **Así les dará tiempo**… *Am* So werdet ihr Zeit haben … | 26 **Es muy noche**…*Am* Es ist (schon) sehr dunkel … | 26 **dejar de** aufhören zu

muchachos. Absalón no sospecha nada de nosotros. Va a pensar que los muchachos son los ladrones.

Cuando deja de hablar el señor Whitlatch, los hombres se van. Javier no sabe qué hacer.

– No sé qué estatua va a robar el señor Whitlatch para ese jefe, pero debo avisar al señor Fernández.

Silenciosamente, Javier se levanta y sale de la tienda. No hay nadie afuera. Se ve una luz en la tienda del señor Fernández. Para no hacer mucho ruido, camina lentamente hacia la tienda. Sólo oye los ruidos raros de la noche en la selva.

De repente, Javier siente un golpe en la cabeza y cae al suelo inconsciente. Siguen muchos gritos y una pelea, pero Enrique no oye nada. Duerme profundamente.

Preguntas

1. Cuando llegan al Petén Enrique y Javier se quitan los suéteres. ¿Por qué?
2. ¿Qué ven los muchachos por la senda que lleva al campamento?
3. ¿Adónde tienen que ir para buscar la segunda pieza de ajedrez?
4. ¿Qué oye Javier afuera de su tienda?
5. ¿Qué le ocurre a Javier cuando sale de su tienda para hablar con el señor Fernández?

---

1 **No sospecha nada de nosotros.** Er verdächtigt uns gar nicht. | 6 **Debo avisar al señor Fernández.** Ich soll Herrn F. benachrichtigen. | 7 **silenciosamente** still und leise | 9 **lentamente** langsam; leise | 12 **inconsciente** bewusstlos | 12 **la pelea** Kampf | 13 **profundamente** tief

7. Javier desaparece

Al oír la canción de unos pájaros, Enrique se despierta. Levantándose del catre, pregunta:

– ¿Javier? ¿Dónde estás? –Es de mañana y el catre de Javier está vacío.

Enrique sale de la tienda. No ve a Javier en ninguna parte. Entonces se dirige a la tienda del señor Fernández.

– Señor Fernández, señor Fernández –llama. Nadie contesta. Se asoma y no puede creer lo que ve. Todas las cosas en la tienda están tiradas por el suelo.

– Mmmmmmm –piensa Enrique–, parece que alguien peleó aquí. –Sale de la tienda. Tampoco están los caballos. Enrique está confundido.

– No pueden irse sin mí. ¡Qué raro es esto! –piensa.

Decide investigar todo el campamento. Pasa media hora buscando a su amigo y al señor Fernández. Al volver hacia la tienda, ve algo negro y brillante en el suelo. Se acerca. ¡Es la pieza de ónix! La coge y la guarda en su bolsillo.

Luego se encamina hacia una senda donde ve que hay ramas y plantas rotas. A la izquierda ve un arbolito que está roto. Parece que algo fue jalado por esa parte. Cerca del árbol, Enrique ve un pedazo de tela verde ¡el color de los pantalones de Javier!

Silenciosamente camina por donde ve que hay varias plantas rotas. A lo lejos ve a un hombre parado enfrente de una cueva. En las manos tiene un rifle.

Poco a poco, sin ser visto, Enrique se acerca. Cuando está más cerca, se esconde detrás de un arbusto y ve a Javier y al señor Fernández adentro de la cueva. Están atados.

---

2 **Al oír la canción...** Als er das Singen hört ... | 4 **Es de mañana.** Es ist (schon) hell. | 6 **en ninguna parte** nirgends | 9 **asomarse** *hier:* hineinschauen | 9 **están tiradas** sie liegen | 19 **encaminarse hacia** sich begeben nach | 20 **plantas rotas** zertretene Pflanzen | 21 **Algo fue jalado.** *AmC, Mex* Es wurde etwas gezogen. | 24 **parado** *Am* stehend | 24 **la cueva** Höhle | 25 **el rifle** Gewehr | 26 **sin ser visto** unbemerkt | 27 **el arbusto** Strauch

De repente, el señor Whitlatch, montado a caballo, grita al hombre que vigila la cueva:

– ¡Chucho*, ven conmigo! Tenemos que regresar al campamento y buscar al otro muchacho.

– Pero, pero… –dice Chucho.

– No hay peros. ¡Hazlo! –grita Whitlatch. Los dos hombres salen rápido en dirección al campamento.

Enrique espera un buen rato, mira a todos lados y cuidadosamente entra en la cueva.

– ¡Enrique! –grita Javier–. ¿Cómo nos encontraste?

– Fácil, Javier. Te busqué por todo el campamento y encontré la pieza de ajedrez. Después seguí las plantas rotas de la senda.

– ¡Chitón! Oigo algo afuera –dice el arqueólogo.

– Han regresado el señor Whitlatch y el otro hombre dice Enrique en voz baja.

– Desátanos, rápido. Vamos a escondernos en el fondo de la cueva –dice el señor Fernández.

Enrique les desata las manos y los pies lo más rápido posible y todos se esconden en el fondo de la cueva. Momentos después entran los dos hombres.

– El otro muchacho no está en el campamento. Probablemente está buscando a su amigo –dice el señor Whitlatch mientras que entra en la cueva.

– ¡Mire! –exclama Chucho–. El joven y el señor Fernández no están aquí. Han escapado.

– ¡Tonto! ¿No sabes atar bien una cuerda? –grita el señor Whitlatch.

– Pero, pero.. . – dice Chucho.

---

6 **No hay peros.** Es gibt kein «Wenn und Aber». | 6 **¡Hazlo!** ***(hacer)*** Tu es! | 8 **cuidadosamente** vorsichtig | 11 **Te busqué.** ***(buscar)*** Ich habe dich gesucht. | 13 **¡Chitón!** Pst! | 16 **desatar** losbinden

– ¡Cállate! Vete por la estatua, ¡rápido! –grita–. En todo caso tenemos que salir ahora mismo.

Chucho va al fondo de la cueva. Se oye un golpe fuerte y, después, silencio.

– ¿Chucho? ¡Chucho! ¿No sabes hacer nada?

De repente sale el señor Fernández con el rifle de Chucho en las manos y dice:

– Christopher, eres un buen asistente, pero un mal ladrón.

Enrique y Javier atan a Chucho y al señor Whitlatch con la cuerda. El señor Fernández sigue hablando:

– La estatua tan preciosa de los mayas que ustedes quieren robar es una copia nada más. Cuando encontramos la estatua, mandé la verdadera a un museo en la Ciudad de Guatemala. Pero, antes de mandarla, hice una copia para probar tu honestidad.

– Pues, ya tiene usted la respuesta –dice Javier.

Más tarde, cuando los muchachos se despiden del señor Fernández, él les invita a regresar algún día para ver las ruinas mayas con calma.

– No se olviden de regresar a visitarme pronto –dice el arqueólogo.

– Se lo prometemos –responden los dos mientras que abordan el avioncito.

---

1 **¡Cállate!** Sei still! | 1 **Vete por la estatua.** Geh und hol die Statue. | 12 **mandé** ich schickte | 14 **la honestidad** Anständigkeit

Preguntas

1. ¿Qué pasa cuando Enrique se levanta?
2. ¿Cómo llega Enrique a la cueva?
3. ¿Qué explica el señor Fernández de la estatua maya?
4. ¿Dónde está la estatua verdadera?

Conversación

1. ¿Vive usted en una ciudad limpia? ¿Puede compararla con otras ciudades?
2. ¿Cómo es en verano el clima de su ciudad?

8. Beatriz, la fotógrafa

Al regresar a la Ciudad de Guatemala, Enrique y Javier alquilan un auto y toman la Carretera Interamericana* a Nicaragua. Después de unos días buscando la modistería de la señora de Valverde, los muchachos la encuentran en Diriamba. Ella les explica que su modistería en Managua fue completamente destruida en el terrible terremoto de 1972. Entonces ella se mudó a Diriamba, un pueblo encantador en las montañas.

La señora de Valverde les da la otra pieza de ajedrez con instrucciones de ir a San José, Costa Rica y hablar con la fotógrafa Beatriz Oteo en el Parque Central.

Después de manejar muchas horas, Javier y Enrique deciden descansar. Salen de la Carretera Interamericana para ir a Puntarenas*, una ciudad en la costa pacífica de Costa Rica. Allí nadan un poco y descansan bajo la sombra de unas grandes palmas.

Siguen el viaje a San José después de recuperar sus fuerzas. Pasan por Heredia*, la ciudad de las flores. En poco tiempo llegan a San José.

Primero tratan de buscar el nombre de Beatriz Oteo en el directorio. Pero no lo encuentran.

– Pues, vamos al Parque Central para buscar a Beatriz Oteo. No sé cómo vamos a encontrarla en un parque dice Javier–, pero no tenemos otra alternativa.

Los dos caminan al parque. Hay varios fotógrafos, pero todos son hombres. Dan una vuelta por todo el parque.

– Hay pavimento de mosaicos, jardines y muchos árboles, pero no hay una fotógrafa –comenta Enrique. Apenas dice esto, los dos ven pasar a una muchacha joven con dos cámaras colgadas del cuello. Camina muy de prisa.

---

7 mudarse umziehen | **12 manejar** *Am* Auto fahren | **15 la palma** Palme | **16 después de recuperar sus fuerzas** nachdem sie wieder zu Kräften gekommen sind | **17 Pasan por Heredia.** Sie überqueren Heredia. | **24 el fotógrafo** Fotograf | **25 dar una vuelta** eine Runde drehen | **26 el mosaico** Mosaik

– ¡Tiene que ser ella! –exclama Javier y corre hacia la muchacha que quiere subir a un taxi. Javier le coge el brazo. La muchacha grita y golpea al pobre Javier.

– ¡Señorita! ¡Señorita! –le dice Enrique que acaba de llegar al lado de su amigo–. Señorita, déjeme explicar. ¿Se llama usted Beatriz Oteo?

Javier la suelta y ella contesta muy enojada:

– Sí. ¿Y qué… ?

– Pues, yo me llamo Javier. Soy, o mejor dicho, era sobrino de don Augusto Raimundo Solano. Hace unas semanas él murió. Vengo aquí para pedirle la pieza de ónix. . .

Beatriz lo mira con rabia y dice mientras que sube al taxi:

– Nunca pensé que el sobrino de don Augusto sería tan mal educado. No tengo tiempo para hablar con ustedes ahora. Si quieren, vengan conmigo y después hablamos.

Los dos muchachos suben al taxi. La muchacha les cuenta que conoció a don Augusto durante una expedición de caza. Ella sacaba fotos de los cazadores y de los animales para mandarlas a una revista. Como a ella le gustaba jugar ajedrez, hizo amistad con don Augusto.

– Él era un hombre muy fino y buena gente. Evidentemente su sobrino no es nada como él– dice ella, todavía enojada.

– Perdone lo que pasó en el parque –dice Javier–, pero como usted era la única mujer con cámaras en todo el parque, no quería perderla.

Enrique, que quiere cambiar el tema, pregunta:

– ¿Adónde vamos?

---

7 La suelta. ***(soltar)*** Er lässt sie los. | **7 enojada** böse, verärgert | **9 mejor dicho** das heißt | **13 mal educado** ungezogen | **17 la expedición de caza** Jagdausflug | **18 el cazador** Jäger | **19 jugar ajedrez** *Am* Schach spielen | **19 Hizo amistad con …** ***(hacer)*** Sie freundete sich mit … an. | **21 Él era buena gente.** *Am* Er war ein lieber Mensch. | **21 evidentemente** offenbar | **21 Su sobrino no es nada como él.** *Am* Sein Neffe ist gar nicht so wie er. | **26 el tema** Thema

– Vamos al volcán de Irazú. Voy a sacar fotos para una revista de los Estados Unidos. Es una revista sobre temas de la naturaleza.

– ¿No leí que en 1963 ocurrió una erupción de este volcán durante la visita del Presidente Kennedy?, pregunta Javier tratando de ser amable.

– Sí, el Irazú tuvo una erupción en aquel año. Fue impresionante, especialmente durante la noche. Desde muy lejos se podía ver la luz del fuego del volcán.

Enrique mira los campos de flores azules y, en la distancia, ve un volcán gris, el Irazú.

El taxi toma una carretera pavimentada que sube casi hasta el cráter del volcán. Cuando llegan, todos se bajan. Junto a un edificio blanco, Javier lee un aviso que dice que nadie debe ir al cráter sin ser acompañado de un guía; y si no está el guía, se debe esperar unos momentos. Cuando Javier se asoma al edificio, no ve a nadie.

Pero Beatriz no hace caso del aviso. Camina rápidamente hacia el cráter.

– ¡Espera, Beatriz! ¡Espera! –grita Javier. Pero ella no se para; va directamente hacia el cráter.

---

1 el volcán Vulkan | **1 sacar fotos** Aufnahmen machen | **3 la erupción** Ausbruch | **6 impresionante** beeindruckend | **11 pavimentado** gepflastert | **13 el aviso** *hier:* Schild | **15 asomarse** *hier:* hineinschauen | **17 hacer caso de** beachten | **18 el cráter** Krater

Preguntas

1. ¿Por qué no encuentran inmediatamente a Beatriz Oteo?
2. Beatriz se enoja con Javier: ¿por qué?
3. ¿Cómo conoció Beatriz al señor Solano?
4. ¿Adónde van los tres en taxi? ¿Por qué?
5. ¿Qué dice el aviso cerca del cráter?

Conversación

1. ¿Puede usted describir un parque de su ciudad?
2. Usted quiere pedir información a una persona desconocida. ¿Puede improvisar o escribir un diálogo?

9. Al borde del cráter

Javier y Enrique corren sobre la roca volcánica y las cenizas grises. Por fin alcanzan a Beatriz.

– ¿Por qué no esperas al guía? –pregunta Enrique.

– No tengo tiempo. ¡Cállense y déjenme trabajar! –ordena Beatriz, arreglando el lente de la cámara. Se para al mero borde del impresionante cráter del volcán. Trata de sacar una foto mirando hacia abajo. Es tan hondo el cráter que no se puede ver el fondo. Ella se estira un poco; se estira aún más y aún más. De repente, se resbala y…

– ¡Ayyyyyy! –grita.

Instantáneamente, Javier agarra la muñeca de Beatriz con ambas manos. Ella queda colgada sobre el profundo cráter del volcán.

Enrique agarra la otra muñeca. Los dos jalan con toda su fuerza. De repente, Enrique pierde el balance y cae de rodillas. Con mucha dificultad se vuelve a parar. –¡Ay! Sáquenme rápido. Me duelen los brazos –dice Beatriz.

– ¡No te preocupes. Ya casi… –responde Javier. Los dos jóvenes jalan y jalan. ¡Por fin la sacan!

Los tres están temblando y sin aliento. No dicen nada por mucho tiempo. Por fin habla Beatriz muy humilde: –No sé qué decirles. Me han salvado la vida. ¿Me perdonan por la manera en que me porté antes con ustedes? Es que… Es que tenía mucha prisa y estas fotografías son muy importantes para mí. Con las fotos que vendo ayudo a la familia y… y…

---

1 **Al borde del cráter.** Am Rande des Kraters. | 2 **la roca volcánica** vulkanischer Fels | 6 **el lente** *Am* Linse | 6 **al mero borde** *AmC, Mex* direkt am Rand | 9 **estirarse** sich strecken | 10 **resbalarse** ausrutschen | 12 **instantáneamente** sofort | 12 **agarrar** festhalten | 12 **la muñeca** *hier:* Handgelenk | 15 **pierde el balance** er verliert das Gleichgewicht | 16 **pararse** *Am* aufstehen | 16 **Sáquenme rápido.** ***(sacar)*** Holen Sie mich schnell heraus! | 20 **sin aliento** außer Atem | 22 **la manera en que me porté** die Art, wie ich mich benommen habe

– Todo está perdonado –dice Javier. Sonríe amablemente. Beatriz también sonríe.

Pero Enrique todavía está temblando y dice:

– Las fotos pueden ser importantes, pero no tan importantes como para echarnos en el cráter de un volcán–. Suspira profundamente.

Beatriz se para y empieza a sacar las fotografías, pero, esta vez, Javier le ayuda a cargar las cámaras y a encontrar las vistas más dramáticas. Cuando terminan, suben al taxi que los había esperado y regresan a San José, a la casa de Beatriz. Beatriz los invita a cenar con su familia.

– Vivo con mis padres, mi abuelita y dos hermanas dice ella–. Mi papá está ciego y ya no puede trabajar. Así que yo trabajo para poder pagar la renta. Y mi mamá tiene una pequeña tienda en donde vende artesanía de Costa Rica: son muy conocidos los modelos de las carretas con las ruedas pintadas– explica Beatriz al entrar en el patio de la casa. Ella les presenta a su familia y todos pasan al comedor.

Durante toda la cena Enrique habla con los otros miembros de la familia Oteo. Javier no habla. Está hipnotizado con Beatriz.

Después de la cena Enrique y la familia salen a dar un paseo en la noche fresca. Beatriz se queda con Javier. Los dos jóvenes pasan mucho tiempo sin hablar. Por fin, Javier se acuerda de la pieza de ajedrez. Beatriz sale un momento y regresa con una bolsa de terciopelo.

– Aquí está. Es un peón de ónix negro –dice ella sacándola de la bolsa. También tengo una carta para ti.

Javier lee la carta en voz alta:

---

5 echarnos en el cráter uns in den Krater hineinwerfen | **5 Suspira profundamente.** Er atmet tief durch. | **8 cargar las cámaras** die Filme einlegen | **14 la renta** *Mex, CR* Miete | **15 la artesanía** Kunsthandwerk | **16 la carreta** Karren | **20 hipnotizado con** hypnotisiert von | **24 el terciopelo** Samt

«Sobrino:

Como ya sabes, Costa Rica es un país encantador. Sin embargo, ahora tienes que ir a la Ciudad de Panamá y hablar con un ingeniero llamado Isidro Altacruz del Monte. ¡Buena suerte!

Augusto»

Javier se pone triste. Mira a Beatriz y dice:

– Eso quiere decir que tenemos que salir mañana por la mañana. Ya no quiero irme tan pronto.

– ¿No puedes regresar a San José algún día?– pregunta Beatriz, también triste.

– No sé. Al terminar este viaje, empezarán las clases de la Universidad.

Al poco rato entra todo el grupo después de su paseo. Ya es tarde y todos están cansados. La criada prepara una cama en la sala para Enrique y Javier.

– ¡Que duerman bien! –dice Beatriz.– Soñaré contigo –contesta Javier.

Enrique sonríe pero no mira a su amigo. No quiere soltar la risa.

Preguntas

1. ¿Qué le pasa a Beatriz cerca del cráter?
2. ¿Qué hace Beatriz con las fotos que vende? ¿Por qué?
3. ¿Con quién vive Beatriz?
4. ¿Qué hace su madre?
5. ¿Quién tiene la cuarta figura de ajedrez?

---

2 **encantador** reizend, bezaubernd | 11 **Al terminar este viaje...** Wenn diese Reise zu Ende ist ... | 16 **¡Que duerman bien!** Schlaft gut!

10. Don Rafael y Lola

La mañana es hermosa, pero Javier y Beatriz sienten mucha tristeza.

– Te escribiré cuando pueda –le dice Javier.

– Gracias. Y yo te mandaré copias de las fotos del volcán –responde Beatriz. Ella se pone de puntillas y besa a Javier.

– Hasta luego.

– Hasta luego –dice Javier.

Durante todo el viaje a Panamá, Enrique trata de animar a su amigo. Sólo cuando les dan una figura de ajedrez en San Juan, Puerto Rico, después de encontrar una pieza en Panamá y luego otra en Santo Domingo en la República Dominicana, Javier se anima.

– Todo va tan bien que posiblemente podemos ir a Costa Rica antes de regresar a México.

– Buena idea. Pero lee la carta de tu tío para saber adónde tenemos que ir ahora –dice Enrique.

– Según la carta, tenemos que ir a Caracas*, Venezuela, al Aeropuerto Maiquetía, para hablar con el señor Rafael Pérez y Lola.

– ¿Quién es Lola? –pregunta Javier.

– ¿Cómo voy yo a saber eso? Ándale, pues, tenemos que tomar un vuelo a Caracas.

Durante el vuelo Javier lee y lee la última carta de su tío.

– ¿Quién es Lola? ¿Es la esposa de don Rafael Pérez? ¿Es su hija? –pregunta Javier a Enrique mientras aterriza el avión.

– ¿Por qué tienes tanto interés en Lola? ¿Qué pasa con Beatriz? ¿O ya la has olvidado? –dice Enrique en broma–. ¿Te crees un don Juan?

---

4 **Te escribiré cuando pueda.** Ich werde dir schreiben, sobald ich kann. | 6 **Se pone de puntillas.** Sie stellt sich auf die Zehenspitzen. | 9 **animar** ermuntern | 21 **Ándale, pues.** *Mex* Auf denn! | 27 **en broma** scherzhaft | 27 **¿Te crees un don Juan?** Hältst du dich für einen don Juan?

– No, claro que no –responde Javier, sonrojándose–. Pero, a fin de cuentas, vale la pena conocer a varias muchachas.

– De acuerdo. De acuerdo.

– Sí, sí. Puedes burlarte de mí pero quiero saber quién es Lola. Pues mi tío ni escribió su apellido ni nada –murmura Javier, mirando la hoja arrugada.

– Primero tenemos que encontrar a don Rafael Pérez –dice Enrique. Se acercan a un puesto de información y Enrique pregunta a la muchacha:

– ¿Cómo puedo encontrar a don Rafael Pérez? No tengo su dirección, sólo sé que lo puedo encontrar en el aeropuerto Maiquetía.

– ¿Cómo voy yo a saber eso? –responde la señorita descortésmente. Hay miles de personas en este aeropuerto. Estoy muy ocupada y no puedo molestarme con tonterías.

Les da la espalda y empieza a hablar por teléfono. Enrique y Javier se miran, ambos están sorprendidos.

– La próxima vez pregunta tú –dice Enrique–. ¡Qué mujer tan brava!

– De veras. Vamos a preguntar si don Rafael trabaja en una de las aerolíneas –dice Javier y se acerca a un señor alto, de uniforme azul.

– Perdón, señor. Estoy buscando al señor Rafael Pérez. ¿Me puede usted ayudar? –le pregunta.

– *Je ne sais pas. Je ne parle pas espagnol* –contesta el hombre.

– ¿Cómo?

– Es francés; dice que no sabe y que no habla español –explica Enrique.

---

1 **sonrojándose** indem er rot wird | 1 **a fin de cuentas** letzten Endes | 6 **la hoja arrugada** zerknittertes Blatt | 8 **el puesto de información** Informationsstand | 13 **descortésmente** unhöflich | 15 **molestarme con tonterías** mich mit Lappalien abgeben | 19 **bravo** *Am* wütend, schroff | 20 **de veras** in der Tat | 21 **la aerolínea** Fluggesellschaft | 21 **el uniforme** Uniform

– ¡Ah! Pues, ¿qué hacemos? –pregunta Javier.

– No sé, pero tengo hambre. Vamos a comer algo– sugiere Enrique.

Encuentran un restaurante y piden dos refrescos y dos empanadas. Tratan de pensar en cómo encontrar a don Rafael y a Lola, pero el ruido de una discusión fuerte entre dos señores los interrumpe.

– ¡Eres un viejo loco? –grita un hombre calvo y gordo.

– ¡Lo voy a hacer y nadie me puede decir que no! –exclama un hombre delgado con barba y pelo cano.

– Rafael, ya no eres joven. Y en segundo lugar, es una locura pensar llevar a Lola –dice el hombre calvo.

– No es ninguna locura. La he llevado en todos mis viajes. Y la voy a llevar esta vez al Salto del Ángel*.

– Pero, es vieja. . . –insiste.

– ¡Vieja! ¡Vieja! ¿Cómo puedes insultar a mi Lola? – grita el hombre delgado. Furioso, se para y sale del restaurante.

– ¡Oíste? –pregunta Enrique a Javier.

– Sí. Sigamos a ese hombre. Tiene que ser don Rafael. ¿Quién más llamado Rafael va a hablar de Lola? –responde Javier.

Los dos se paran y salen del restaurante sin comer las empanadas ni tomar los refrescos. Miran por todos lados pero no ven al señor de pelo cano.

Enrique se asoma a la ventana y exclama:

– ¡Mira! ¡Está afuera!

Ambos muchachos salen exactamente en el momento en que el hombre sube a un taxi.

Rápidamente Javier llama a un taxi libre y dice:

– Siga a ese taxi enfrente de nosotros. El amarillo con verde.

---

4 **el refresco** Erfrischungsgetränk | 4 **la empanada** gefüllte Teigtasche | 6 **la discusión** Diskussion | 10 **pelo cano** graue Haare | 17 **furioso** wütend | 19 **Sigamos a ese hombre.** Lass uns diesem Mann folgen. | 26 **exactamente** genau | 28 **rápidamente** schnell

– ¿Qué? –pregunta el taxista, riéndose.

– Le pagamos 10 bolívares* extra –dice Enrique.

– ¡Vámonos, pues! –exclama el taxista.

Siguen al taxi por el aeropuerto hasta llegar a unos hangares. El primer taxi se para; el hombre sale y camina rápido a un hangar. El segundo taxi se para también y Javier y Enrique, después de pagar al taxista, salen corriendo detrás del hombre delgado.

En el hangar ven aviones pequeños. Son avionetas particulares. Unos hombres están trabajando en una avioneta vieja.

– ¿Está listo todo? –pregunta el hombre delgado.– Sí, señor Pérez, pero. . .

– Está bien. Me voy ahora –dice y entra en la avioneta.– ¡Momento! –gritan Javier y Enrique y corren hacia la avioneta.

La avioneta sale del hangar. Una vez afuera y en la pista, el hombre arranca los motores. Javier y Enrique corren aún más rápido hasta alcanzarla.

– ¡Señor Pérez! ¡Señor Pérez! –grita Javier haciendo señales con los brazos como un pájaro loco.

El hombre se asoma por la ventanilla de la cabina del piloto. La abre y grita:

– ¡Súbanse! ¡Súbanse! No los oigo bien.

Inmediatamente, Enrique y Javier abordan el avión y, momentos después, están volando sobre Caracas.

---

1 el taxista Taxifahrer | **2 el bolívar** *Währung Venezuelas* | **4 el hangar** Flugzeughalle | **9 la avioneta particular** Privatflugzeug | **14 la pista** *hier:* Startbahn | **15 arranca los motores** er startet die Motoren.

Preguntas

1. ¿Por dónde buscan los muchachos a don Rafael?
2. ¿Es amable la señorita de información del aeropuerto? ¿Por qué?
3. ¿Quién interrumpe la conversación de Javier y Enrique?
4. ¿Por qué sale el hombre delgado del restaurante?
5. ¿Qué prometen Enrique y Javier al taxista? ¿Por qué?
6. ¿Dónde alcanzan los muchachos a don Rafael?

11. Lola es demasiado vieja

– ¿Quién eres tú? ¿Y por qué me interrumpes en un momento tan importante? –pregunta el hombre en voz fuerte y enojada.

– Perdón, señor Pérez. Es que no sabía… –dice Javier mientras respira profundamente –. Soy el sobrino de don Augusto Raimundo Solano y vengo para recoger una pieza de ajedrez de ónix negro. Mi tío murió hace unas semanas y…

– Ah, don Augusto –interrumpe el señor Pérez–, lo siento mucho. Era muy buena persona. Nos acompañaba a mí y a Lola en algunos de nuestros viajes. Era muy simpático. Pero, joven, no tengo la pieza aquí. Está en el hangar. En todo caso, tú tienes que acompañarnos el resto de este viaje.

– ¿Adónde vamos? –pregunta Enrique. Habla tan fuerte que asusta al señor Pérez.

– ¡Ay! ¡Válgame Dios! ¿Y quién eres tú?

– Me llamo Enrique. Soy amigo de Javier.

– Bueno, bueno. Lola y yo los saludamos. Y bienvenidos a nuestro viaje al Salto de Ángel, la caída de agua más alta del mundo.

– ¿Lola? –pregunta Javier mirando por todos lados. No ve a nadie más en el pequeño avión.

– Sí, Lola, mi fiel amiga y compañera –exclama el hombre de pelo cano. Tiene una expresión de cariño en la cara.

– ¿Lola es la avioneta? –pregunta Enrique. Sonríe, pero el señor Pérez no lo puede ver.

– Pero, ¿no dijo alguien que ella es vieja? – pregunta Javier inocentemente.

El señor Pérez casi explota. Grita en voz alta:

---

11 **en todo caso** auf jeden Fall | 14 **asustar** erschrecken | 15 **¡Válgame Dios!** Gott stehe uns bei!; Du lieber Himmel! | 18 **la caída de agua** Wasserfall | 22 **Tiene una expresión de cariño en la cara.** Sein Gesicht strahlt Liebe aus. | 25 **inocentemente** unschuldig | 27 **explotar** platzen, explodieren

– ¿Oíste, Lola? ¡Otra persona que te insulta! ¡Vieja! Javier, la edad no se basa en los años; se basa en el espíritu. Y Lola tiene espíritu joven.

– No quería insultarla –explica Javier.

– Está bien. Lola comprende. Ella sabe bien si uno es amigo o enemigo. Ella y tu tío hicieron amistad inmediatamente –cuenta el hombre mientras pilotea la avioneta.

Enrique y Javier se asoman por la ventanilla. Abajo ven montañas cubiertas de selvas.

– A ver, Lola. ¡Vamos a mostrarles a estos muchachos qué tan joven eres! –exclama el señor Pérez. Sus ojos brillan con emoción. Pilotea la avioneta con destreza.

Sube y baja, va de lado, baja rápido hacia la tierra y luego sube.

Javier y Enrique se miran; están pálidos del susto. Pero el señor Pérez está contento y, con mucho cariño, dice:

– Ah, Lola. ¡Eres tan joven como siempre!

De repente, el motor empieza a hacer ruidos extraños.

– ¡Qué pasa? –pregunta Enrique, temblando.

– Nada, nada –responde el señor Pérez. Pero todo queda en silencio y la avioneta empieza a bajar más y más rápido.

– ¡Válgame Dios! ¿Qué te pasa, Lola? –pregunta el señor Pérez con tristeza.

Javier cierra los ojos y no respira. Enrique está inmóvil. Mira por la ventanilla. Las montañas se acercan más y más rápido. Afuera, el viento silba fuertemente.

Al último momento en que podrían salvarse, los motores vuelven a arrancarse. El señor Pérez jala un palo y otra vez Lola sube a las alturas.

---

1 **La edad no se basa en los años.** Man ist so jung, wie man sich fühlt. | 6 **Hicieron amistad.** ***(hacer)*** Sie schlossen Freundschaft. | 6 **inmediatamente** sofort | 7 **pilotear** *Am* (ein Flugzeug) fliegen | 8 **asomarse por la ventanilla** *hier:* aus dem Fenster sehen | 10 **qué tan joven eres** *Mex* wie jung du bist | 11 **brillar** glänzen, strahlen | 12 **la destreza** Geschicklichkeit | 23 **está inmóvil** er bewegt sich nicht | 26 **Al último momento en que podrían salvarse…** Gerade noch in letzter Minute … | 27 **Jala un palo.** *AmC, Mex* Er zieht am Steuerknüppel.

Por fin todos dan un gran suspiro de alivio, aunque siguen temblando.

– Ay, Lola. ¡Qué susto me diste! Nunca has hecho esto. Nunca. ¿Qué te pasa? –dice el señor Pérez suavemente. Tiene una expresión de dolor y de tristeza–. Tal vez sí, ya somos viejos. Todos tienen razón. Ya somos viejos.

Continúan el viaje en silencio sobre las montañas y luego sobre los llanos. Pasan sobre el Río Orinoco hasta aterrizar en el aeropuerto de Ciudad Bolívar*.

Deciden ir a un hotel y descansar. El señor Pérez está triste. No quiere comer; sólo repite:

– Ya somos viejos. ¿Cómo es posible? Ya somos viejos.

Y se marcha a su cuarto temprano para acostarse. Enrique y Javier cenan en un restaurante. Comen un plato de sancocho*, arepas*, pabellón*, frutas y café, Después de la cena, Enrique dice:

– Sé que el señor Pérez era amigo de tu tío, Javier. Pero, después de lo que pasó hoy, no quiero ir a ninguna parte con él ni con Lola.

– Yo tampoco. Y mucho menos quiero ir al Salto de Angel con él. No soy bueno para la natación –comenta Javier.

– Sólo pensar en Lola me da piel de gallina.

– Sin embargo, me da mucha lástima. El señor Pérez quiere mucho a su avioneta. Además, si no regresamos a Caracas con él, ¿cómo vamos a recoger la figura de ajedrez? –dice Javier.

– No sé, no sé. Pero no vale la pena morirnos para encontrar un pedazo de ónix negro –insiste Enrique.

– Sí, pero... Bueno. Podemos hablar con el señor Pérez mañana. ¡Pobre señor! No quiere aceptar que ya es viejo.

---

1 **Dan un suspiro de alivio.** Sie atmen erleichtert auf. | 4 **suavemente** leise | 20 **la natación** das Schwimmen | 21 **Me da piel de gallina.** Ich bekomme Gänsehaut.

Preguntas

1. ¿Adónde quiere llevar el señor Pérez a Enrique y Javier?
2. ¿Quién es Lola?
3. ¿Qué pasa de repente con la avioneta?
4. ¿Por qué se pone triste el señor Pérez?
5. ¿Quieren los muchachos volver a viajar en la avioneta con el señor Pérez? ¿Por qué?

Conversación

1. ¿En qué situaciones sentimos a veces miedo? ¿Por qué?
2. «La edad no se basa en los años», dice el señor Pérez. ¿De acuerdo? ¿Puede usted hablar de algunas cualidades típicas de los viejos y los jóvenes?

12. Un museo para don Rafael

A las siete y media de la mañana, Enrique y Javier están sentados en la sala del hotel.

– No sé cómo decirle al señor Pérez que no vamos a continuar el viaje con él –dice Javier.

– Yo tampoco. Pero ni de chiste vuelvo a subir en su avioneta –comenta Enrique.

– No se preocupen, jóvenes –dice la voz del señor Pérez por detrás de ellos–. Vamos a regresar a Caracas en otro avión.

– ¿No va usted a ir al Salto de Ángel? –le pregunta Enrique, asombrado.

El hombre mira al suelo y dice:

– No. Lola y yo somos viejos ya. Lola no funciona bien y es peligroso volar en un avión viejo.

– Pero usted siempre puede comprar otra avioneta y hacer el viaje sin peligro –sugiere Javier.

– ¡No! –exclama el señor Pérez–. Yo no vuelvo a pilotear ningún otro avión. No. Si no llevo a Lola al Salto de Ángel, nunca iré.

– Entonces, ¿qué le va a pasar a Lola? ¿No tiene ella algún valor histórico? –pregunta Enrique.

– ¿No hay un museo de avionetas viejas donde Lola pueda estar a la vista del público? Y, ¿quién sabe? Quizá ella inspirará a un joven a hacerse piloto. En todo caso, les interesará a los historiadores de la aviación, ¿no? –pregunta Javier, muy animado.

Los ojos del señor Pérez empiezan a brillar. Se le anima la cara. Empieza a pensar y dice:

– No sé de tal museo. Pero no hay ninguna razón para no crear yo ese museo. Tengo muchos amigos interesados en la aviación.

---

6 Ni de chiste. *Mex* Nicht einmal aus Spaß. | **21 donde Lola pueda estar a la vista del público** wo Lola ausgestellt werden kann | **22 inspirar** anregen | **23 hacerse piloto** Pilot werden | **23 el historiador** Historiker | **24 la aviación** Flugwesen | **24 animado** *hier:* begeistert | **25 Se le anima la cara.** Sein Gesicht strahlt.

Ellos pueden ayudarme a establecer un museo. ¡Claro! ¡Qué magnífica idea!

Se alegra y le da una palmada a Javier.

– Vámonos, jóvenes. Tenemos que regresar a Caracas rápido. Tengo mucho que hacer. Hay mucho que planear, mucha gente con quien hablar…

Javier y Enrique se miran. No pueden decir ni una sola palabra en todo el regreso a Caracas; pues el señor Pérez no deja de hablar sobre su museo de aviación. En el hangar del aeropuerto Maiquetía les da la pieza de ajedrez: un peón. Al despedirse de los muchachos, dice:

– Cuando regresen a Venezuela, pueden visitar a Lola en el museo. Y nunca se olviden de que la edad no se basa en los años sino en el espíritu.

– Nunca lo olvidaremos –dicen ambos muchachos y regresan al edificio principal del aeropuerto. Se sientan en una banca y miran la pieza de ajedrez que les dio el señor Pérez. Escritas en el fondo están las palabras: Asunción*: Señorita Josefina Malacara.

– Ah, vamos al Paraguay. Javier, ¿hablas tú guaraní*? le pregunta Enrique a su amigo.

– ¿Por qué? ¿No hablan español en el Paraguay?

– Sí, claro, pero el otro idioma importante es el guaraní. Casi la mitad de los paraguayos hablan guaraní o, por lo menos, lo entienden –explica Enrique.

– Bueno, entonces, ¿qué esperamos? ¡Vamos a Asunción!

---

1 **establecer** *hier:* gründen | 3 **Le da una palmada.** Er klopft ihm auf die Schulter. | 5 **planear** planen | 12 **Cuando regresen.** Wenn ihr zurückkehrt. | 16 **la banca** *Am* die Sitzbank | 23 **paraguayo** aus Paraguay | 23 **por lo menos** wenigstens

Preguntas

1. ¿Por qué no va don Rafael al Salto del Ángel?
2. ¿Qué piensa hacer el señor Pérez con Lola?
3. ¿Por qué tienen que regresar todos a Caracas?
4. ¿Qué idiomas hablan los paraguayos?

Conversación

1. ¿Puede usted describir algo de un museo conocido?
2. ¿Qué deportes son los más conocidos en su país?

13. Culebras y drogas

Al día siguiente, Enrique y Javier llegan a la casa de la señorita Josefina Malacara en Asunción, Paraguay. Durante el viaje por avión a Asunción se imaginaron que sería una señorita vieja, dulce y gorda, que seguramente conoció al tío de Javier en un campeonato de ajedrez.

Los muchachos tocan a la puerta y esperan unos minutos. Pero nadie abre. Vuelven a tocar a la puerta. Por fin contesta una mujer baja, vestida con camisa y pantalones. Alrededor del cuello lleva una culebra gruesa y larga.

– ¿Qué quieren ustedes? –les pregunta.

Javier la mira. Está tan sorprendido que no sabe qué decir. Por fin dice:

– Permítame presentarnos. Me llamo Javier Solano y éste es mi amigo Enrique Pereda. Mi tío Augusto…

– Sí, sí, ya sé. Ayer recibí un cablegrama del abogado diciendo que él murió y que tú vendrías a recoger la pieza de ajedrez. Tengan la bondad de entrar. Yo estoy dándole de comer a Fulgencio. Vengan conmigo.

Los muchachos siguen a la señorita delgada y morena a un cuarto grande lleno de jaulas y acuarios. La señorita Malacara le da un ratón a la culebra que lo come de un trago. Con mucho cariño ella pone la culebra en su jaula y dice:

– Fulgencio es mi culebra favorita. La capturé en una expedición al Chaco*, la región occidental del Paraguay. Soy especialista en herpetología y, además, me gustan mucho los animales. Tengo de todos.

---

1 la droga Droge | **5 seguramente** sicherlich; wahrscheinlich | **5 el campeonato de ajedrez** Schachmeisterschaft | **16 el cablegrama** Telegramm | **17 Tengan la bondad de entrar.** Kommt bitte herein. | **18 Estoy dándole de comer a…** Ich füttere gerade … | **21 la jaula** Käfig | **21 el acuario** Aquarium | **22 el ratón** Maus | **22 comer de un trago** auf einmal schlucken | **24 capturar** fangen, gefangennehmen | **25 occidental** westlich | **25 el especialista** Fachmann | **26 la herpetología** Reptilienkunde | **26 Tengo de todos.** Ich habe einen ganzen Zoo.

– ¡Qué monstruo! ¿Es peligrosa? –exclama Javier.

– Sólo si no le doy de comer –dice la mujer mientras les da comida a los otros animales–. En este acuario tengo unos pececitos. Se llaman Romeo, Julieta y Guillermo. Pon tú esta carne en el acuario, Enrique.

Enrique toma la carne y la deja caer en el agua. Instantáneamente los tres peces la devoran.

– ¡Qué barbaridad! ¡Qué dientes tienen! –exclama Javier; sus ojos son del tamaño de un plato.

– Para comerte mejor –responde la señorita, sonriendo.

– Son caribes que también se llaman pirañas. Son del Paraguay aunque no son muy comunes aquí.

Un señor bajo y gordo entra en el cuarto y exclama:

– Mademoiselle, el hormiguero no quiere comer.

– Con permiso –dice ella, y sale con él.

– Nos equivocamos. Ella no es muy vieja –dice Enrique.

– Tampoco es muy dulce –comenta Javier.

Miran las jaulas. En una hay una víbora coral; en otra, una boa.

La señorita regresa al cuarto. Murmura:

– Este Pierre no comprende a los animales. Hay que hablarle con cariño a Cristina antes de darle de comer. La pobrecita es muy nerviosa. Pero Pierre no entiende. La señorita se acuerda de que los dos muchachos están presentes y dice en voz alta:

– ¿Les puedo ofrecer algo de tomar? A esta hora siempre tomo una taza de yerba mate*.

– Sí, cómo no. Usted es muy amable –dice Javier.

Mientras toman la yerba mate, la bebida nacional del Paraguay, la señorita Malacara les habla de su trabajo y les cuenta cómo

---

1 el monstruo Ungeheuer | **3 el pececito** kleiner Fisch | **4 Pon tú esta carne...** Wirf du dieses Fleisch ... | **7 devorar** fressen | **8 ¡Qué barbaridad!** Unglaublich! | **11 el caribe** *Ven* Karibefisch | **11 la piraña** Piranha | **14 el hormiguero** *hier:* die Ameisen | **18 la víbora coral** *Am* Korallenschlange | **18 la boa** Boa | **24 tomar** *Am* trinken | **25 la yerba mate** *Am* Matetee

conoció a don Augusto durante una expedición de caza en el Chaco. Está describiendo cómo mató un jaguar con la ayuda de don Augusto cuando entran cuatro hombres uniformados. Sacan sus revólveres y los apuntan al grupo. El líder, un hombre con una cara feroz, demanda:

– ¿Dónde está? Sé que está aquí.

La señorita se enoja mucho. La cara se le pone roja. Mirando a los cuatro, grita:

– ¿Quiénes son ustedes que entran aquí sin tocar? No voy a tolerar esto. Salgan de aquí inmediatamente.

– Siéntese y cállese –responde uno de los hombres –. Somos policías y nos ocupamos de personas que preparan y venden drogas.

– No lo creo. No es posible. Márchense de mi casa o voy a llamar de verdad a la policía –dice ella.

– Oye, Juan –exclama uno de ellos –, un criminal nos dice que va a llamar a la policía. Señorita, usted es muy chistosa.

De repente Pierre entra con un rifle. Alrededor del cinturón están atadas unas bolsas grandes.

– No me van a capturar nunca –grita como un loco –. Tengo un buen negocio vendiendo heroína y no me lo van a destruir. ¡Dejen caer los revólveres o los mato a todos!

Los cuatro hombres tiran los revólveres al suelo. Enrique y Javier miran a Pierre con asombro. Todo les parece un sueño fantástico.

– ¡Levanten las manos! –grita Pierre con una voz terrible –. Y entren al otro cuarto. Vamos a ver qué tanto les gustan los animales, sobre todo las culebras.

---

2 el jaguar Jaguar | **3 uniformado** in Uniform | **4 el revólver** Revolver | **4 el líder** Führer | **5 demandar** fragen | **7 La cara se le pone roja.** Ihr Gesicht wird rot. | **9 tolerar** dulden, tolerieren | **10 Salgan de aquí.** ***(salir)*** Verschwinden Sie von hier! | **11 Cállese.** Seien sie still! | **12 ocuparse de** sich beschäftigen mit | **16 el criminal** Verbrecher | **17 chistoso** witzig | **21 la heroína** Heroin | **24 con asombro** erstaunt | **26 qué tanto les gustan los animales** *Mex* wie sehr Ihnen die Tiere gefallen

Preguntas

1. ¿Esperaba la señorita Malacara la visita de los muchachos? ¿Por qué?
2. ¿Quienes son Romeo, Julieta y Guillermo?
3. ¿Qué es la yerba mate?
4. ¿Qué investigan los hombres uniformados?
5. ¿Qué pasa cuando entra Pierre?

14. La víbora coral

Pierre los amenaza con el rifle y vuelve a gritar:

– Entren, entren. Rápido.

– ¡Pierre! ¿Qué te pasa? –pregunta la señorita muy sorprendida–. ¿Tú vendes drogas? ¡Es increíble! No lo sabía.

– Cállate, Josefina, y entra en el cuarto. Nunca supiste de mi negocio porque a ti sólo te importan los animales.

Todos entran en el cuarto de las jaulas y los acuarios y se paran junto a una pared. El francés los mira con una sonrisa diabólica en los labios. Con el rifle, cuidadosamente, abre la jaula de la víbora coral, una culebra venenosa.

La culebra roja, negra y amarilla no se mueve de la jaula. Se queda inmóvil.

– ¡Salte! –grita el hombre y le da un golpe a la jaula con el rifle. Pero la culebra no se mueve.

Pierre se enoja. Mientras apunta el rifle al grupo, golpea la jaula con la mano. Grita: – ¡Salte, miserable culebra! ¡Salte!

Repentinamente, la culebra salta hacia un lado y muerde la mano del francés. Con un grito de dolor y de susto, Pierre tira el rifle al suelo.

Rápidamente uno de los hombres agarra a Pierre, pero la culebra, que ha salido de la jaula, muerde la pierna del policía. También éste da un grito de susto y dolor.

– No se muevan para nada –ordena Josefina sin quitar los ojos de la culebra.

La víbora coral empieza a acercarse al grupo junto a la pared. Culebrea lentamente hacia Javier. Sube a sus pies y forma un

---

4 sorprendido erstaunt | **5 increíble** unglaublich | **6 Nunca supiste de mi negocio.** ***(saber)*** Du hast nie von meinem Geschäft gewusst. | **7 Sólo te importan los animales.** Dich interessieren nur die Tiere. | **9 diabólico** teuflisch | **11 venenoso** giftig | **12 Se queda inmóvil.** Sie liegt regungslos da. | **14 golpear uc** auf etwas schlagen | **18 repentinamente** plötzlich | **24 No se muevan para nada.** Bewegen Sie sich gar nicht. | **24 sin quitar los ojos de** … ohne den Blick von … abzuwenden | **27 culebrear** schlängeln

círculo alrededor de él. Javier, con la cara cubierta de sudor, no mueve ni un músculo.

De repente, Josefina coge la culebra por detrás de la cabeza y la mete en la jaula.

– Ahora sí, pueden moverse. ¿Cómo estás, Javier?

– Bastante asustado, pero bien –responde, temblando.

– ¡Ay! ¡Ay, Dios mío! Voy a morir –grita Pierre.

– Primero lo llevamos al hospital y luego a la cárcel – dice el líder del grupo.

La señorita Malacara mira la mano de Pierre y la pierna del investigador y dice:

– No toda mordedura de culebra es necesariamente venenosa. Hay que esperar seis horas para ver si el veneno le va a afectar el sistema nervioso–. Va a su gabinete y saca una botella–. Aquí está el suero, por si acaso la culebra les inyectó el veneno. Hay suficiente para dos hombres.

– Gracias. Llevamos mucho tiempo tratando de capturar a este hombre. Vámonos –dice el líder y sale con los otros y con el prisionero.

Muy calmada, la señorita les dice a Javier y a Enrique:

– ¿Terminamos nuestro té? Insisto en que ustedes se queden a cenar. Graciela, la criada, está preparando un guiso sabroso.

– Con mucho gusto –responde Javier. Su voz todavía tiembla de nervios.

Antes de la cena, la señorita les muestra ejemplos del encaje distintivo del Paraguay, llamado ñandutí*. Luego habla de la historia del Paraguay.

---

1 con la cara cubierta de sudor mit schweißbedecktem Gesicht | **2 el músculo** Muskel | **12 la mordedura** der Biss | **12 necesariamente** unbedingt | **13 afectar** *hier: schädigen* | **14 el sistema nervioso** Nervensystem | **14 el gabinete** Arbeitszimmer | **15 el suero** Serum | **15 por si acaso la culebra les inyectó el veneno** für den Fall, dass die Schlange Sie gebissen hat | **17 Llevamos mucho tiempo tratando de…** Wir haben sehr lange versucht, zu … | **18 el prisionero** Gefangener | **20 calmado** ruhig | **22 sabroso** schmackhaft | **25 el encaje** Spitze | **25 distintivo** typisch, charakteristisch

Después de tomar un vaso de agua al final de la cena,* Josefina le da a Javier una torre de ónix.

– No sé por qué a las personas les gusta jugar al ajedrez. Es un juego demasiado tranquilo para mí– comenta ella. Mira la hora y les dice:

– Con permiso. Otra vez tengo que dar de comer a mis animalitos.

– Cómo no –responde Enrique mientras Javier examina la torre negra. Ve una nota en el fondo: Buenos Aires, teniente Florencio Rosa.

La señorita regresa al cuarto y exclama:

– ¡Van a la Argentina! Estuve allá el año pasado por tres semanas. Me encanta Buenos Aires y también los porteños. Creo que hay un vuelo mañana con destino a Buenos Aires.

– Espero que sí. Enrique y yo debemos ir a un hotel para hacer los preparativos –dice Javier.

– No, no, no. Insisto en que pasen la noche aquí. No van a ir a ningún hotel –dice Josefina firmemente.

– Gracias, es muy amable –dice Javier mientras piensa en ahorrar dinero para poder regresar a Costa Rica al fin del viaje.

Josefina se sienta en el sofá y suspira:

– ¡Ay, Dios mío! Mañana tengo que buscar un asistente nuevo. Nunca sospeché que Pierre vendiera drogas. Pero eso sólo prueba que uno puede tener más confianza en los animales que en las personas. Javier, ¿te gustaría trabajar con mis víboras?

Javier se pone pálido y responde inmediatamente:

– No, no, gracias. Prefiero terminar mi carrera de Derecho en la universidad y trabajar con las personas. Las personas también son peligrosas, pero no muerden.

---

9 el teniente Leutnant | **13 porteño** Bewohner von Buenos Aires | **14 con destino a** nach | **17 Insisto en que pasen** Ich bestehe darauf, dass Sie … verbringen. | **18 firmemente** entschlossen, fest | **21 el sofá** Couch | **27 la carrera de Derecho** Jurastudium

Preguntas

1. Cuando Pierre golpea la jaula con la mano, ¿qué hace la víbora coral?
2. Si una culebra venenosa muerde, ¿hay siempre peligro de muerte?
3. ¿Qué les da la señorita Malacara a los hombres antes de llevar a Pierre a la cárcel?
4. ¿Por qué tiembla Javier después del incidente?
5. ¿Se van los muchachos al hotel? ¿ Por qué?
6. ¿Quiere Javier trabajar con la señorita Malacara? ¿Por qué?

Conversación

1. ¿Es importante tratar bien – o incluso amar – a los animales? ¿Por qué?
2. ¿Puede contar algunas cosas especialmente interesantes de su última visita a un parque zoológico?

15. Un viaje a Oruro

Durante la siguiente semana, Enrique y Javier primero encuentran una pieza de ajedrez en Buenos Aires y luego otra en Santiago, Chile. Allí hablan con un muchacho universitario que participa en un secreto movimiento revolucionario. Él les da la pieza con una Carta de don Augusto.

– ¿Qué dice la carta? –pregunta Enrique ansiosamente.– Quiero salir de Chile antes de que nos pille la policía por ser revolucionarios extranjeros.

– A ver. Tenemos que ir a La Paz*, Bolivia, y hablar con un minero llamado Arturo Mendoza. Vámonos, pues tampoco quiero quedarme aquí más tiempo– exclama Javier.

Cuando los dos muchachos se despiden del joven revolucionario, él les dice:

– Que les vaya bien. Y si algún día regresan a Santiago, estoy a sus órdenes.

– Gracias. Adiós –dicen Javier y Enrique. –Adiós. Y, ¡no se desmayen en La Paz!

En camino al aeropuerto, Javier pregunta:

– ¿Por qué piensa que vamos a desmayarnos en La Paz?

– Pues, como La Paz está tan alta en las montañas, muchas personas tienen dificultad en respirar –le explica Enrique.

Al poco tiempo, los dos muchachos vuelan sobre los Andes. Se acercan mucho a las montañas para aterrizar en el aeropuerto El Alto de La Paz. Enrique cierra los ojos para no poder verlas.

– Dime cuándo puedo abrir los ojos –dice a Javier.

– Ábrelos. ¡Mira! Allí está el Lago Titicaca* a la izquierda –exclama Javier–. Y veo un barco de carga.

---

4 un muchacho universitario Student | **4 participar** teilnehmen | **5 revolucionario** revolutionär | **7 ansiosamente** *hier:* voller Neugier | **8 antes de que nos pille la policía** bevor uns die Polizei schnappt | **11 el minero** Bergmann | **15 Que les vaya bien.** *(ir)* Viel Glück! | **15 Estoy a sus órdenes.** *bes. Am* Ich stehe zu Ihrer Verfügung. | **28 el barco de carga** Frachtschiff

Pero, cuando Enrique abre los ojos, el avión está bajando a la tierra. Los dos oyen un fuerte silbido porque el avión tiene dificultad en pararse a esa altura. Por fin se para y bajan todos los pasajeros.

Después de recoger sus maletas. Javier y Enrique buscan la dirección del señor Arturo Mendoza en el directorio telefónico. La encuentran y, sin problemas, toman un taxi a la casa del minero boliviano.

– Si todo sigue así no vamos a tener ningún problema en regresar a buen tiempo a la universidad. Sólo nos queda una semana –comenta Enrique mientras llaman a la puerta del señor Mendoza.

Una mujer india, que lleva el sombrero típico de Bolivia y un aguayo de muchos colores, contesta. Les dice en voz alta:

– El señor Mendoza no está en casa. Está en Oruro, en la mina de estaño*.

– ¿Cómo podemos ir allá? Es urgente –pregunta Javier.– No tenemos mucho tiempo.

– Bueno, el aeropuerto de Oruro está cerrado porque están haciendo reparaciones en la pista. Tampoco el tren funciona porque los conductores están en huelga. Tienen que ir en auto. Es un viajecito de ocho horas explica la mujer.

– ¡Ocho horas! –exclaman los dos.

– ¡Ay, caramba! ¡Ida y vuelta son dieciséis horas en total! –dice Javier. Pues, muchas gracias por su ayuda, señora.

– De nada –responde ella.

Rápidamente, los dos muchachos van a una estación de taxis. Prometen pagar bien al taxista para llevarlos a Oruro.

---

2 el silbido Pfeifen | **10 a buen tiempo** rechtzeitig | **14 el aguayo** *Bol* Wolldecke | **16 el estaño** Zinn | **19 Están haciendo reparaciones.** Sie erneuern gerade. | **21 estar en huelga** streiken | **24 ida y vuelta** hin und zurück | **24 en total** insgesamt

En el viaje a Oruro ven grupos de indios en la carretera. Cada uno tiene una llama que carga paquetes.

– Posiblemente van al mercado en La Paz –dice Enrique. Bosteza porque no durmió la noche anterior.

Javier saca su diario y escribe todas las impresiones de sus experiencias en Chile. También escribe una carta a Beatriz, la fotógrafa de Costa Rica.

El taxista les cuenta muchas casas de Oruro:

– La vida de un minero es muy difícil. Los mineros trabajan muchas horas y en malas condiciones. Pero se divierten mucho durante el carnaval* cuando se visten de diablos y bailan por tres días. El baile es una mezcla de la religión católica y de las tradiciones indias. Yo lo sé porque por las noches soy estudiante de antropología.

– Es muy interesante –murmura Javier y trata de escuchar y escribir al mismo tiempo.

El taxista sigue hablando por seis horas hasta llegar a Oruro. Cuando llegan, ya es de noche. Los lleva directamente a la mina de estaño. Los muchachos se bajan y preguntan por el señor Arturo Mendoza.

Pero los hombres contestan en aymará*, el idioma de los indios.

– ¡Ay, Dios mío! ¿Qué más puede pasar? –exclama Enrique–. Primero tenemos que hacer un viaje larguísimo y después nadie nos entiende cuando llegamos. ¡Y no tenemos mucho tiempo!

---

2 la llama Lama | **2 cargar** *Am* tragen | **10 Se divierten mucho.** Sie amüsieren sich sehr gut. | **11 el carnaval** Karneval | **11 Se visten de diablos. (vestirse)** Sie verkleiden sich als Teufel. | **11 Bailan por tres días.** Sie tanzen drei Tage lang. | **12 la mezcla** Mischung | **13 la antropología** Anthropologie | **21 el idioma** Sprache

Preguntas

1. ¿Por qué quieren Enrique y Javier salir de Chile?
2. ¿Por qué es posible desmayarse en La Paz?
3. ¿Qué ve Javier desde el avión?
4. ¿Por qué tienen que ir en auto a Oruro?
5. ¿Cómo es, según el taxista, la vida de un minero?
6. ¿Por qué no entienden Enrique y Javier a los habitantes de Oruro?

16. En la mina

– Siempre tenemos problemas –dice Javier, mirando a los mineros. Hay que hacer las cosas con calma. Encontraremos al señor Mendoza. No te preocupes.

Pero, cuando mira a Enrique, ve que él se desmayó.

– Seguramente le afecta la altitud –comenta un hombre bajo y fuerte con una cara redonda. Levanta a Enrique del suelo y lo lleva a una oficina. Lo pone encima de una mesa.

Enrique vuelve en sí y dice:

– ¿Qué pasó? ¿Dónde estoy?

– No se preocupe –dice el hombre–. Le ha afectado la altitud, nada más. Tome esto. Le da una taza de té caliente. Mira a los dos y dice:

– Ustedes no son mineros. ¿Qué hacen aquí?

– Estamos buscando al señor Arturo Mendoza. Soy Javier Solano y tengo que recoger una pieza de ajedrez. Explica toda la historia de las piezas de ajedrez y de la prisa que tienen para regresar a México.

El hombre se ríe. Se ríe tanto que tiene lágrimas en los ojos.

– ¿Qué es tan chistoso? –pregunta Javier, que no ve nada chistoso en la situación.

– Nada, en realidad. Es que el señor Mendoza salió hoy para La Paz. Terminó su trabajo y regresó para asistir a una conferencia sobre la minería.

– ¡Caramba! Más problemas –exclama Enrique exasperado.

– No hay problema. Anselmo, mi asistente, puede llevarlos a La Paz mañana temprano –dice el hombre calmadamente.

– ¡Qué suerte tenemos!

---

6 le afecta la altitud die Höhe macht ihm zu schaffen | **9 vuelve en sí *(volver)*** er kommt wieder zu sich | **20 ¿Qué es tan chistoso?** Was ist dabei so witzig? | **23 asistir a** teilnehmen an | **24 la minería** Bergbau | **25 exasperado** verärgert | **27 calmadamente** sehr ruhig

– No hay problema –insiste el hombre–. Pueden pasar la noche aquí. Tengo unos catres: ustedes pueden dormir en la oficina.

– Muchas gracias –responde Javier y ayuda al hombre a sacar los catres.

Cuando el hombre sale de la oficina, les dice:

– Anselmo estará aquí a las seis de la mañana para llevarlos a La Paz.

Javier se acuesta en el catre. Ve que Enrique ya duerme profundamente. Apaga la luz y piensa en los eventos de todo el viaje hasta dormirse.

A la siguiente mañana ambos jóvenes se despiertan al oír el motor de un camión. Se levantan, ponen los catres en su lugar y salen afuera.

Después de viajar seis horas por la carretera serpentina y estrecha de las montañas, oyen una explosión enorme. Con toda su fuerza, Anselmo trata de controlar el camión que zigzaguea por la carretera. Logra parar el camión momentos antes de chocar con la montaña.

– La llanta se reventó –exclama el chofer al bajar del camión.

Los tres cambian la llanta con mucha dificultad por que no tienen los implementos necesarios. Cuando por fin vuelven a subir al camión, están muy sucios. Enrique empieza a preocuparse porque habían tomado dos horas y media para cambiar la llanta.

Después de un viaje de diez horas y media, llegan a la casa del señor Mendoza en La Paz.

Tocan a la puerta y, como la vez pasada, contesta la mujer india.

– Ay, perdón –dice ella–. El señor Mendoza acaba de salir para Oruro. Hay una emergencia allá.

---

9 **el evento** *Am* Ereignis, Vorfall | 14 **serpentino** gewunden, kurvenreich | 15 **la explosión** Explosion | 16 **zigzaguear** im Zickzack fahren | 19 **la llanta** *Am* Reifen | 19 **reventar(se)** platzen | 19 **el chofer** *Am* Fahrer | 21 **los implementos** *Am* Werkzeug | 23 **Habían tomado dos horas y media.** *Am* Sie hatten zweieinhalb Stunden gebraucht. | 29 **la emergencia** *bes. Am* Notfall

Javier no sabe qué decir. ¡Otro viaje a Oruro!

– Pero –continúa ella – él dejó esta caja para Javier Solano. Dijo que siente mucho no poder verlo.

– Gracias –dice Javier, tomando la caja. Adentro está la pieza de ajedrez: un alfil.

– Menos mal que no tenemos que regresar a Oruro – dice Enrique–. Ya conozco la ruta de memoria.

Javier saca la pieza y lee las palabras escritas en el fondo: Lima, Perú. Señora Margarita Beltrán de Olvedo. Museo Nacional de Historia y Cultura.

– Vamos al Perú, el país de los incas y de las ruinas fabulosas como Machu Picchu –comenta Enrique.

– Sí y no –dice Javier.– Vamos a Lima. Las famosas ruinas están cerca de Cuzco, la antigua capital de los incas.

– Está bien. Ándale, pues, ya es tarde y tenemos que hacer los arreglos para ir a Lima –dice Enrique mientras busca un taxi.– Vamos a tener mejor suerte de aquí en adelante.

Preguntas

1. ¿Qué le pasa a Enrique en la mina de estaño? ¿Por qué?
2. ¿Por qué tienen que regresar a La Paz?
3. ¿Qué ocurre con el camión después de seis horas de viaje?
4. Después de todo, ¿recibe Javier la pieza de ajedrez?
5. ¿Dónde tienen que buscar la pieza siguiente?

Conversación

1. ¿Cómo pediría usted ayuda si se revienta la rueda de su auto? ¿Puede improvisar o escribir un breve diálogo sobre el tema?
2. ¿Cómo es el clima de su ciudad en invierno?

---

5 el alfil Läufer *(Schachspiel)* | **6 Menos mal que**… Ein Glück, dass … | **15 Ándale, pues.** *Mex* Auf, komm! | **17 de aquí en adelante** von nun an

17. En Bogotá

Enrique y Javier pasan dos días en Lima, Perú, y después se ponen en camino para Bogotá*.

– Tenemos solamente tres días para regresar a México –comenta Enrique.

– Sí. Menos mal que mi tío dejó las últimas dos piezas de ajedrez al señor Gamboa, el locutor de radio.

– Es cierto. Ya no tendremos problemas en regresar a tiempo a la universidad.

El avión aterriza en el aeropuerto Eldorado. Hace mucho frío y está lloviendo fuerte.

– ¡Huy, qué frío hace! Penetra hasta los huesos – exclama Javier mientras los dos suben a un taxi.

– Casi siempre hace frío aquí –responde el taxista–. Por eso siempre llevo mi ruana y tomo una copita de aguardiente cada día. Soy de tierra caliente y no me gusta el clima frío.

El taxista prende la radio. Están tocando música agradable y él empieza a cantar. Cuando termina la canción, una voz dice:

– Soy su locutor esta tarde, Alvaro Gamboa Ruiz. Ahora vamos a escuchar un disco favorito mío: «Mi viejo» del cantante argentino Piero.

– ¡Escucha, Enrique! El locutor se llama Álvaro Gamboa Ruiz. ¡Es él! –dice Javier y luego pregunta al taxista:

– ¿Sabe usted dónde queda esa estación de radio? – pregunta Enrique.

– Sí, claro.

---

2 Se ponen en camino para … Sie machen sich auf den Weg nach … | **7 el locutor de radio** Rundfunksprecher | **12 Penetra hasta los huesos.** (Die Kälte) geht bis in die Knochen. | **15 la ruana** *Col, Ven* Umhang, Poncho | **15 el aguardiente** Schnaps | **16 Soy de tierra caliente.** Ich stamme aus einer warmen Gegend. | **17 prender** *Am* andrehen *(Radio)* | **17 Están tocando música.** Man spielt Musik. | **20 el viejo** *RPl, fam* Vater | **20 el cantante** Sänger | **24 dónde queda** … wo … liegt | **24 la estación de radio** (Rundfunk-)Sender

– Entonces llévenos allá –dice Javier.

– Es increíble. Ahora sí tenemos buena suerte – comenta Enrique.

En poco tiempo Enrique y Javier llegan a la estación de radio. Bajan del taxi y suben al último piso de un edificio alto y moderno.

Cuando salen del ascensor, se acercan al escritorio de la recepcionista.

– Señorita, me llamar Javier Solano. Quiero hablar con el señor Gamboa Ruiz. Mi tío era amigo de él – dice Javier.

– En este momento el señor Gamboa está ocupado. Espere aquí. Yo le digo que usted está aquí.

Enrique y Javier se sientan en un sofá anaranjado y esperan al señor Gamboa.

Por fin sale un hombre bajo y moreno. Mira a los dos y dice:

– ¿Javier? Soy Álvaro Gamboa. Me dio mucha lástima oír de la muerte de tu tío. Seguramente quieres las piezas de ajedrez, ¿no?

– Sí, señor –responde Javier.

– Lo siento, pero las piezas están en mi apartamento en Medellín*. Mi esposa y mis cuatro hijas están allá.

Javier se pone triste. La buena suerte cambió rápidamente.

– ¿Qué hacemos? –pregunta Enrique.

– Pueden cenar conmigo –dice el señor Gamboa –. Salgo de aquí en dos horas. Mientras tanto, Carmenza, mi secretaria, puede mostrarles la estación.

– Está bien. Muchas gracias –dice Javier.

Mientras esperan a Carmenza, Javier comenta a Enrique:

– Mañana podemos tomar el avión a Medellín y luego regresamos a México.

– Buena idea –responde Enrique.

---

7 el ascensor Aufzug | **7 el escritorio** Schreibtisch | **13 anaranjado** orange | **19 el apartamento** *Am* Wohnung

Pasan una tarde y una noche muy agradables. El señor Gamboa, después de salir del trabajo, les muestra algunos sitios interesantes de la ciudad. Primero van a la Plaza de Santander, donde está el Museo de Oro*.

– El Museo de Oro tiene muchos objetos de oro hechos por los antiguos indios –les explica.

Después ven la Plaza Bolívar y los edificios del Gobierno, el Planetario y la Plaza de Toros Santa María.

Cenan en un hotel lujoso, el Hotel Tequendama. El locutor les habla de la Catedral de Sal en Zipaquirá* y les muestra su anillo grande de esmeraldas colombianas. Es ya medianoche cuando Enrique y Javier se despiden del señor Gamboa Ruiz. Él les da la dirección de su apartamento en Medellín.

A la mañana siguiente está lloviendo a cántaros. Ambos muchachos se ponen sus chaquetas y van a la oficina de Avianca, aerolínea colombiana.

– Queremos tomar el próximo vuelo a Medellín – dice Javier a una señorita de uniforme azul oscuro.

– Lo siento, señor, pero no hay cupo en los vuelos a Medellín hasta el jueves. Y, además, el aeropuerto está cerrado porque el clima está muy malo y las condiciones meteorológicas son muy peligrosas. Pueden ir en tren –les dice.

Los dos amigos, desilusionados, le dan las gracias a la señorita y se encaminan directamente a la estación de ferrocarriles.

– Hay dos cupos para Medellín –les dice un vendedor de boletos–. El tren sale en cuarenta minutos.

– Está bien –dice Javier y paga los boletos.

Esperan lo que les parece mucho tiempo y por fin abordan el tren.

---

7 el planetario Planetarium | **8 la plaza de toros** Arena | **9 lujoso** elegant, vornehm | **11 la esmeralda** Smaragd | **11 la medianoche** Mitternacht | **14 Está lloviendo a cántaros.** Es regnet in Strömen. | **19 No hay cupo.** *Col, Mex* Es gibt keinen freien Platz. | **23 desilusionado** enttäuscht | **25 el vendedor** Verkäufer

– El tren debe salir en dos minutos –comenta Enrique mirando su reloj.

Después de media hora, el tren sale para Medellín. Baja hasta el valle, donde hace mucho calor. Se acercan a un pueblito y el tren se para. Más pasajeros suben al tren. Otra vez esperan media hora. Luego llegan a otro pueblito y otra vez se para el tren.

– ¡Caramba! –dice Enrique–. Si continuamos así, nunca llegaremos a Medellín.

El tren continúa el viaje. Javier saca su diario y escribe sus impresiones de Bogotá.

Ya es de noche y el tren se para en un pueblito que no tiene luz eléctrica. Hace mucho calor y los pasajeros están sudados y cansados. Dos niños empiezan a llorar.

El tren espera una hora, dos horas, tres horas. Un hombre anuncia que están esperando que pase un tren de ganado.

– ¡Caray! Javier, dime que estoy soñando.

– No estás soñando, pero esto sí es una pesadilla.

Preguntas

1. ¿Quién tiene las dos últimas piezas de ajedrez? ¿Dónde las tiene?
2. Antes de cenar, ¿adónde lleva el señor Gamboa a Enrique y Javier?
3. ¿Por qué no hacen los muchachos el viaje en avión?
4. ¿Cómo van a Medellín? ¿Es un viaje rápido?

---

7 ¡Caramba! Mensch! | **12 están sudados** sie sind verschwitzt | **15 Están esperando que pase un tren de ganado.** Sie warten, bis ein Viehtransport vorbeifährt. | **17 la pesadilla** Alptraum

18. Por fin en Medellín

Después de esperar cuatro horas en la estación del pueblito oscuro, pasa el tren de ganado. Los pasajeros esperan aún más tiempo pero el tren no sigue el viaje. Enrique, Javier y tres hombres se bajan del tren para hablar con el conductor. ¡Pero ven que el conductor está dormido!

Todos los hombres gritan para despertar al conductor. Por fin el conductor pone el tren en marcha. Javier y Enrique vuelven a sus asientos y se duermen. Cuando se despiertan, es de mañana y el tren está parado muy alto en las montañas.

Un hombre entra y anuncia que más adelante el carril está roto. Dice que todos los pasajeros tienen que bajarse y subir a un tren que está a un kilómetro de distancia.

Nadie dice ni una palabra mientras bajan del tren. Javier ayuda a una señora que tiene la pierna rota. Enrique carga a un niñito que está dormido. Unas personas ayudan a las otras a caminar por la montaña.

Los empleados del tren llevan las maletas y los paquetes al otro tren.

De repente, una señora delgada se desmaya. Dos hombres la cargan al otro tren. Cuando todos han subido, empiezan el viaje de nuevo.

Javier está tan cansado que no aprecia la vista fantástica de los Andes. Son las ocho de la mañana y han pasado veinte horas de viaje.

Cuando el tren se para en un pueblito de las montañas, muchos vendedores caminan a lo largo del tren vendiendo refrescos y frutas. Un hombre compra naranjas para todos los pasajeros. En diez minutos el tren se pone en marcha otra vez.

---

8 **Pone el tren en marcha.** Er fährt ab. | 9 **Es de mañana.** Es ist früh am Morgen. | 11 **más adelante** weiter vorne | 11 **el carril** Schienen | 11 **roto** kaputt | 27 **a lo largo del tren** den Zug entlang

Por fin, después de veinticinco horas de viaje, llegan a Medellín, la ciudad de las orquídeas.

Enrique y Javier bajan del tren, recogen las maletas y toman un taxi al apartamento del señor Gamboa.

El taxi se para enfrente de un edificio moderno. Los dos muchachos bajan y le dan una propina al taxista. Suben al cuarto piso y tocan a la puerta.

Una muchacha de ocho años contesta.

– ¿Está en casa tu mamá? –pregunta Javier.

– Sí, señor. Entre. Ella está en el balcón –contesta la niña y luego grita–: Mami, dos señores están aquí.

– Diles que pasen adelante –responde la mamá. Javier se mira en un espejo. Está muy sucio y sudado.

– ¡Qué barbaridad! Parezco un vagabundo – murmura. La señora los saluda cordialmente.

– Ustedes son Javier y Enrique, ¿verdad? –dice–. Me preocupé cuando no llegaron ayer. ¿Qué les pasó?

Enrique explica toda la historia del viaje en tren.

– ¡Ay, pobrecitos! –exclama ella–. En este momento tengo que salir de compras. ¿Por qué no se arreglan y descansan? El apartamento está a sus órdenes.

– Muchas gracias, señora Gamboa. Se lo agradecemos muchísimo –responde Javier.

– Regreso en seguida. Están en su casa –dice ella y sale con las cuatro hijas.

– Sí –comenta Javier–, las personas que hemos conocido son muy amables.

---

2 **la orquídea** Orchidee | 6 **la propina** Trinkgeld | 10 **el balcón** Balkon | 12 **Diles que pasen adelante.** Sag ihnen, sie sollen hereinkommen. | 14 **Parezco un vagabundo.** ***(parecer)*** Ich sehe wie ein Obdachloser aus. | 15 **cordialmente** herzlich | 20 **salir de compras** einkaufen gehen | 20 **arreglarse** sich herrichten | 24 **Están en su casa.** Fühlen Sie sich wie zu Hause.

Preguntas

1. ¿Por qué no continúa el viaje después de pasar el tren de ganado?
2. Cuando los muchachos se despiertan por la mañana, ¿por qué está parado el tren?
3. ¿Qué tienen que hacer entonces los pasajeros?
4. ¿Cómo los recibe la señora Gamboa?

19. El ajedrez está completo

En el apartamento del señor Gamboa en Medellín los muchachos se bañan, se cambian de ropa y descansan. Cuando regresa la señora Gamboa, se sienten mejor.

Comen un almuerzo grandísimo de piña, sopa, arroz con coco, verduras, carne asada, leche y luego un pastel de frutas.

– Es un almuerzo delicioso –comenta Enrique mientras come su segundo pedazo de pastel.

– Me alegro –responde la señora–. Ahora les traigo las piezas de ajedrez. Pasen al balcón y Filomena les servirá un cafecito.

Los dos van al balcón y la señora Gamboa les da las dos piezas de ajedrez y una carta. Javier lee la carta y dice:

– Hemos terminado nuestro viaje. Sólo tenemos que hablar con el abogado de mi tío. Su oficina está en la Ciudad de México. La dirección está en esta carta.

Javier tiene una sonrisa grande en la cara.

Enrique da un grito de alegría y dice:

– ¡Y las clases de la universidad empiezan pasado mañana! Terminamos el viaje en buen tiempo.

– Sí, y tenemos todas las piezas del ajedrez: ocho peones, dos torres, dos alfiles, dos caballos, la reina y el rey. Todo lo que necesito para completar el juego y recibir mi herencia. Pero me parece que no podemos regresar a Costa Rica. Debo escribir a Beatriz –comenta Javier.

La señora Gamboa sonríe y dice:

– Y ahora pueden regresar a su querido México. Sé que están cansados y por esa razón me tomé la libertad de reservar dos cupos para ustedes en el próximo vuelo a México. El avión sale en dos

---

3 bañarse baden | **3 cambiarse de ropa** sich umziehen | **5 la piña** Ananas | **5 arroz con coco** Reis mit Kokosnuss | **6 el pastel de frutas** Obsttorte | **21 la reina** Dame *(Schachspiel)* | **21 el rey** König

horas, a las tres y media. –Ah, muchísimas gracias, señora Gamboa. Le agradezco mucho sus atenciones– dice Javier.

– De nada –responde ella–. Vamos al aeropuerto. Enrique, Javier y la señora Gamboa bajan del ascensor y suben al auto alemán de los Gamboa. Ella les muestra la ciudad y les habla de los paisas o antioqueños*.

– Son personas muy activas y saben mucho de los negocios. En realidad, las personas de Antioquia tienen fama de ser buenas para los negocios. Cada región de Colombia tiene su propia personalidad. Los bogotanos* tienen fama de ser fríos, los caleños*, de ser alegres y los pastuzos*, de ser tontos.

Llegan al aeropuerto y se despiden de la señora Gamboa. Ella les da una pequeña orquídea de plata.

– Es un recuerdo de Colombia –dice ella–. Que tengan un buen viaje.

– Mil gracias, señora –dicen Javier y Enrique y abordan el avión.

Como casi todos los asientos están ocupados, Javier y Enrique no pueden sentarse juntos. Javier se sienta al lado de un joven que tiene pelo largo y barba.

Durante el viaje a México Javier le cuenta al joven de su viaje, de la herencia de su tío y de las piezas de ajedrez.

El muchacho muestra mucho interés en todo lo que dice Javier.

– ¿Y no puedes conseguir la herencia si no tienes las piezas de ajedrez y el diario? –le pregunta a Javier.

– No. Tengo que llevar todo al abogado –explica Javier.– ¿Conoces bien al abogado? –pregunta el joven.

---

5 **los paisas, los antioqueños** Bewohner von Antioquia *(Departamento Kolumbiens)* | 10 **la personalidad** die Persönlichkeit; die Eigentümlichkeiten | 10 **bogotano** Bewohner von Bogota | 10 **caleño** Bewohner von Cali | 11 **pastuzo** Bewohner von Pasto | 14 **el recuerdo** *hier:* Souvenír | 14 **Que tengan un buen viaje.** Gute Fahrt! | 18 **ocupado** belegt

– No, nunca lo he visto pero sé que su oficina está en la Ciudad de México –responde Javier y le muestra las piezas de ajedrez que tiene en una caja especial.

En este momento, el avión aterriza en el aeropuerto de México, D. F.* Después de bajarse del avión, los pasajeros pasan por la aduana.

Primero, Javier abre su maleta. Después abre la caja.

No nota que el joven no ha quitado los ojos de la caja por un instante.

Preguntas

1. ¿Qué almuerzo toman Enrique y Javier en casa de la señora Gamboa?
2. ¿Qué tenía que hacer Javier para recibir la herencia de su tío?
3. ¿Por qué no se sientan juntos los dos muchachos en el avión?
4. ¿Qué hace Javier durante el vuelo?

Conversación

1. ¿Podría usted comparar la hospitalidad (Gastfreundschaft) de su país y de Colombia?
2. ¿Qué piensa usted de la costumbre de dar propinas?

---

8 **No ha quitado los ojos de la caja por un instante.** Er hat die Kiste keinen Augenblick aus den Augen gelassen.

20. La herencia

Después de pasar por la aduana. Enrique y Javier, seguidos por el joven de pelo largo, van hacia un puesto de taxis. El joven los alcanza y les pregunta:

– Como yo también voy al centro, ¿puedo ir en el mismo taxi que ustedes?

– Sí, cómo no –dice Javier.

Mientras esperan al taxi, dos hombres empiezan a pelear sobre cuál vio un taxi primero. Javier pone su maleta y la caja en el suelo para observar la pelea. Por fin, cuando un guardia logra separar a los dos hombres, Javier le dice al joven:

– Hubiera sido más fácil compartir un taxi como nosotros lo hacemos, ¿verdad?

Pero no está el joven. ¡Y tampoco está la caja!

– Mira –exclama Enrique–, está allá corriendo hacia el estacionamiento.

– ¡Deténganlo! ¡Deténganlo! –grita Javier a unos policías en la puerta del aeropuerto. Enrique y Javier corren detrás del joven, y detrás de ellos los policías.

El joven mira hacia atrás y corre al estacionamiento de autos. Sube a un auto viejo y trata de ponerlo en marcha, pero no puede arrancar el motor.

Los muchachos y los policías se acercan rápidamente.

El joven salta del auto y corre como un loco.

– ¡Ladrón! ¡Ladrón! –grita Javier–. ¡Deténganlo!

El joven brinca a un camión que está saliendo del aeropuerto. Enrique y Javier corren más y más rápido hasta alcanzar al camión. Con un gran salto, Javier sube al autobús.

---

3 **el puesto de taxis** *Am* der Taxistand | 12 **Hubiera sido más fácil...** Es wäre einfacher gewesen ... | 12 **compartir un taxi** zusammen ein Taxi nehmen | 15 **el estacionamiento** Parkplatz | 17 **¡Deténganlo!** ***(detener)*** Halten Sie ihn fest! | 21 **Trata de ponerlo en marcha.** Er versucht, es (das Auto) anzulassen. | 26 **brincar** springen | 26 **el camión** *Mex* Autobus | 28 **el salto** Sprung

Pero el joven lo ve subir y sale rápido por la puerta de atrás. Enrique lo persigue y cuando se acerca lo suficiente, da un gran salto y lo agarra por las rodillas. Ambos caen al suelo.

El ladrón se para y da un golpe fuerte a Enrique. Cuando ve acercarse a Javier, trata de escapar. Y, otra vez, Enrique salta y lo sujeta por los hombros.

Al caer, el joven recibe un golpe en la nariz y empieza a sangrar.

Por fin, llegan Javier y los policías. La cara del ladrón está llena de sangre.

– ¡Me rompí la nariz! –exclama él y trata de golpear a Enrique. Pero los policías lo detienen.

– Gracias, Enrique –dice Javier. Respira profundamente–. ¿Dónde aprendiste a saltar así?

– Ya ves –responde Enrique–, tú siempre me has dicho que no vale la pena jugar al fútbol americano.

– Es cierto. Nunca vuelvo a criticar el fútbol americano. ¡Jamás! –comenta Javier. Todos vuelven al aeropuerto. Los policías encuentran las piezas de ajedrez y el diario en la maleta del joven.

– Gracias a Dios –dice Javier–. Dos de las piezas están rotas, pero las puedo arreglar.

Después de hablar con los policías, Enrique y Javier regresan al puesto de taxis. Una viejita les había guardado las maletas. Los dos muchachos le dan las gracias.

– Menos mal que cogiste al ladrón dice Javier de camino a la oficina del abogado –. ¡Imagínate si, después de un viaje tan largo, no pudiera recibir mi herencia!

– No sería en balde. Ya conocemos casi todos los países de Centro y Sudamérica, además de Puerto Rico y la República Dominicana –dice Enrique.

---

2 **Cuando se acerca lo suficiente...** Wenn er nahe genug ist ... | 7 **sangrar** bluten | 15 **el fútbol americano** nordamerikanischer Fußball | 20 **arreglar** reparieren | 24 **Menos mal que cogiste al ladrón.** Ein Glück, dass du den Dieb geschnappt hast. | 24 **de camino a** unterwegs zu | 26 **no pudiera recibir mi herencia** ich könnte mein Erbe nicht erhalten | 27 **en balde** umsonst

Los dos entran en la oficina del abogado en el centro de la Ciudad de México. Tienen sus maletas, la caja con las piezas de ajedrez y el diario.

El abogado los mira con una sonrisa en la cara. Dice:

– Nuestros viajeros han regresado.

– Sí, señor –dice Javier–, y, gracias a Enrique y a los policías, tengo todo aquí–. Abre la caja con las piezas de ónix negro y le muestra el diario.

El abogado sonríe y dice:

– Y, ahora, les cuento un secreto. Cuando murió tu tío Augusto, no era tan rico como todos pensaban. Cada centavo que tenía lo ahorró para tu viaje. Te dijimos que ibas a recibir más dinero sólo para convencerte de que debías hacer el viaje. Es decir, ya recibiste la herencia: un viaje por la América de habla española.

Enrique mira a Javier, Javier mira a Enrique. Se sientan en un sofá y empiezan a reír a carcajadas.

– ¡Qué suerte tenemos! ¡Y qué herencia! Bueno, Enrique. Ya que tengo un juego completo de ajedrez, ¿qué tal si te enseño a jugar?

– Muy buena idea.

---

11 **el centavo** Cent | 12 **que ibas a recibir...** dass du bekommen würdest ... | 16 **reír a carcajadas** laut lachen

Preguntas

1. ¿Adónde corre el ladrón primero?
2. ¿Por qué no se marcha el ladrón en el auto viejo?
3. ¿Cómo es la pelea entre Enrique y el joven de pelo largo?
4. ¿Por qué consigue Enrique detener al ladrón?
5. ¿Qué es la herencia de Javier?

Conversación

1. ¿Podría usted escribir un breve artículo para el periódico sobre «La herencia»?
2. ¿Puede usted decir, con ayuda de un mapa, cómo se llaman los habitantes y cuáles son las capitales de los países que recorren Enrique y Javier?

Landeskundliche Anmerkungen

Agua (Seite 17)
Es ist Sitte in einigen Gegenden von Paraguay, nach dem Essen Wasser zu trinken. Möchte ein Gast nichts mehr essen, so kann er sagen, er habe schon Wasser getrunken.

Antioqueños (Seite 75)
Bewohner der Stadt und der Region Antioquía. Sie haben in Kolumbien den Ruf, besonders geschäftstüchtig und unternehmungslustig zu sein.

Arepas (Seite 46)
Von den Indianern übernommenes preiswertes Maisbrot – in Kugeln oder in Scheiben –, aus Maismehl, Salz und Wasser. Die *arepas* stammen aus Venezuela.
Die einfache *arepa* schmeckt nicht so gut wie die mexikanische *tortilla*, sie wird aber häufig auch mit Hackfleisch oder Käse oder auch Quark gefüllt.

Asunción (Seite 49)
Hauptstadt Paraguays. Asunción liegt im Süden des Landes, am Ostufer des Flusses Paraguay und direkt an der argentinischen Grenze.
Besonders sehenswert sind in Asunción die «Iglesia de la Encarnación» mit ihrer Kuppel, die als Wahrzeichen der Stadt gilt; das «Haus der Unabhängigkeit» im Kolonialstil; die Kathedrale und der Regierungspalast, beide aus dem 19. Jahrhundert; die «Heldengedenkstätte», ein dem Pariser Invalidendom nachempfundenes Gebäude.

Aymará (Seite 62)
Neben Quechua und Spanisch eine der drei offiziell anerkannten Amtssprachen Boliviens. Spanisch wird von etwa 60 % der Bevölkerung gesprochen, vor allem in den Städten des Landes.

Die Landbevölkerung spricht meist eine der zahlreichen indigenen Sprachen. Aymará wird heute von ca. 1 300 000 Menschen in Bolivien, Chile und Peru gesprochen (vgl. Quechua: 7 Mio.). Viele wachsen aber auch zweisprachig auf. Die offizielle Sprache an Schulen und Universitäten war traditionell immer Spanisch; allerdings wird seit 1995 bilingualer Unterricht mit relativem Erfolg unterstützt.

Bogotá (Seite 67)
2640 m hoch gelegene Hauptstadt Kolumbiens und nicht nur Sitz der Regierung, sondern auch der wichtigsten Industrien des Landes.
Bogotá, das Ende des 19. Jahrhunderts noch eine echte Kolonialstadt war, hat heute fast 7 Millionen Einwohner. Sie hat ein eher kühles Klima mit einer Durchschnittstemperatur von 14° und bietet, mehr als fast alle anderen lateinamerikanischen Städte, recht kontrastive Anblicke: neu und alt, gepflegt und verlassen, Kolonialstil und supermoderne Bauten … Und ihre unzähligen sehenswerten Kirchen: San Francisco, San Ignacio, die Kathedrale, die Capilla del Sagrario …
Besonders sehenswert sind außerdem das Goldmuseum und der Wallfahrtsort Monserrate.

Bogotanos (Seite 75)
Bewohner von Bogotá. In Kolumbien genießen die *bogotanos* den Ruf, besonders kalt und etwas überheblich zu sein.

Bolívar (Seiten 42; 46)
Simon Bolívar, Held des Unabhängigkeitskrieges von Venezuela. Das Land erreichte 1823 seine Unabhängigkeit.
Den Namen *Bolívar* tragen außerdem die Währungseinheit des Landes und eine Stadt südöstlich von Caracas (640 km), am Fluss Orinoco.

Das Bild von *Ciudad Bolívar* ist durch Bauten im spanischen Kolonialstil geprägt. Die Stadt hat heute ca. 350 000 Einwohner.
In *Ciudad Bolívar* (ursprünglicher Name: *Angostura* = Engstelle) wurde 1817 Simón Bolívar zum ersten Präsidenten von «Groß-Kolumbien» ernannt.

Caleños (Seite 75)
Bewohner von Cali, Kolumbien, die im Lande den Ruf haben, besonders fröhlich und gastfreundlich zu sein.

Caracas (Seite 39)
960 m hoch gelegene Hauptstadt Venezuelas mit ca. 3 Millionen Einwohnern im zentralen Verwaltungsbezirk. Caracas weist ständig angenehme Temperaturen auf: nachts ist es immer frisch, im Januar/Februar ist es niemals kälter als etwa 10°, im Juli/August nicht heißer als 32°.
14 km von Caracas entfernt liegt La Guaira, der größte Hafen des Landes.
Besondere Sehenswürdigkeiten: die Universitätsstadt, *Centro Simón Bolívar*, *Círculo Militar*; *Panteón Nacional* mit den Gräbern von Bolívar und Miranda, den Nationalhelden; *Capitolio Nacional*; die Kathedrale und die Kirche San Francisco mit ihren besonders prunkvollen Altären in altem Kolonialstil.

Carnaval de Oruro (Seite 62)
Der Karneval von Oruro (*La Diablada*) ist der berühmteste ganz Boliviens. Die «Teufelstänzer» (Männer in Teufelskostümen) sind eine Mischung aus indianischen und christlichen Traditionen.
Die Stadt Oruro selbst liegt südlich von La Paz auf 3 700 m, hat etwas über 210 000 meist indianische Einwohner und ist wegen seiner Zinn-, Silber- und Wolframminen ein wichtiges Industriezentrum.

Carretera Interamericana (Seite 31)
Die «Panamericana» oder «Carretera Interamericana» ist normalerweise in ganz Mexiko und Zentralamerika in ausgezeichnetem Zustand. In Panama und Kolumbien wird sie jedoch zeitweise unpassierbar aufgrund der dichten, tropischen Regenwälder, die lange Jahre hindurch den Bau behinderten.

Chaco (Seite 51)
Die Region *Gran Chaco* erstreckt sich von Brasilien über Paraguay und Bolivien bis nach Argentinien. Ihr paraguayischer Teil ist fast so groß wie die ganze Bundesrepublik Deutschland.
Diese Region ist ein sehr spärlich bevölkerter, flacher, tropischer Landstrich mit Sümpfen und dichten Buschwäldern. Die Ureinwohner des Gran Chaco (z. B. Wichí, Nivakle, Pilaga, Qom (Toba), Chiriguano und andere) ernähren sich überwiegend vom Jagen, Sammeln und Fischen. Die seit dem 19. Jahrhundert dort ansässigen weißen Siedler (*Criollos*) dagegen betreiben eine extensive Weidewirtschaft in Kombination mit Ackerbau. Die unterschiedlichen Lebensweisen führen dabei zu Konflikten, da durch die Rinder und Ziegen der Wald – die Lebensgrundlage der Indianer – zunehmend zerstört wird. Der seit einigen Jahren betriebene Anbau von Gensoja hat dieses Problem noch drastisch verschärft. Dies gilt insbesondere für den argentinischen Teil des Gran Chaco, wo bereits 85 % des Quebracho-Waldes, einer edlen Holzart, zerstört wurde.

Chucho (Seite 28)
Spanischer Kosename für *Jesús*.
Spanische Kosenamen sind sehr häufig, ähneln aber in einigen Fällen den Eigennamen überhaupt nicht. *Carmencita* ist beispielsweise der Kosename für *Carmen*, *Jaimito* für *Jaime*; *Pepe* ist der Kosename für *José*, *Paco* für *Francisco*.

Estaño (Seite 61)
«Estaño» (Zinn) nimmt in Bolivien den ersten Platz unter den geförderten Mineralien ein (neben Zinn handelt es sich dabei hauptsächlich um Silber, Blei, Kupfer, Zink).
Bolivien verfügt über reiche Erzvorkommen. In den zahlreichen Erzlagerstätten werden außer Zinn noch Blei, Silber, Kupfer, Eisenerz, Antimon, Zink, Schwefel, Wismut, Gold und Wolfram abgebaut.
Der Bergbausektor ist die solideste Basis der bolivianischen Wirtschaft, erlitt aber Ende der achtziger Jahre durch den Preisverfall für Rohstoffe an den Weltmärkten und durch die Erschöpfung einiger Minen einen Einbruch.

Guaraní (Seite 49)
Neben Bolivien und Peru hat auch Paraguay eine Indianersprache als offizielle Amtssprache neben dem Spanischen, und zwar seit 1825. Guaraní ist eine weit entwickelte Sprache mit zahlreichen gutturalen und nasalen Lauten, die heute beinahe von jedem Paraguayer gesprochen oder wenigstens verstanden wird.
Bemerkenswert ist, dass Guaraní die Sprache ist, aus der nach Latein und Griechisch die meisten Ausdrücke der botanischen und zoologischen Wissenschaft stammen.

Heredia (Seite 31)
Nur 10 km von San José, der Hauptstadt Costa Ricas entfernt, liegt die kleine Stadt Heredia (ca. 42 000 Einwohner) 1 137 m über dem Meeresspiegel. Kaffeeplantagen und Viehzucht sind die wichtigsten Einnahmequellen dieser Gegend. Heredia, «die Blumenstadt», kann dem Besucher den Eindruck vermitteln, er befinde sich in einer Stadt von Südspanien: Kirchtürme, rote Dächer, Fenster mit Gittern, gepflegte kleine Gärten, weißgetünchte Wände aus Luftziegeln oder aus Stein …

José González Lozano (Seite 8)
In den spanischsprechenden Ländern haben die Menschen zwei Nachnamen. Der erste Nachname ist der des Vaters, der zweite Nachname ist der Nachname der Mutter. Herr José González Lozano kann mit «Herr González Lozano» oder mit «Herr González» angesprochen werden, nie aber nur mit «Herr Lozano».

La Paz (Seite 60)
Hauptstadt Boliviens mit ca. 1,8 Mio. Einwohnern im Großraum (die Hälfte davon Indianer). La Paz liegt 3600 m über dem Meeresspiegel, ist somit die höchstgelegene Hauptstadt der Welt. Der Mangel an Sauerstoff kann sich für Besucher in den ersten Stunden oder Tagen bemerkbar machen.
Besonders sehenswert sind die moderne Kathedrale und der Präsidentenpalast (in italienischem Renaissancestil) und das Kloster San Francisco. Neben dem *Museo Nacional* de Arte und dem Museo *Tihuanaco* ist auch der Zentralmarkt (*Mercado Camacho*) einen Besuch wert.

Mate (Seite 52)
Yerba mate (Matetee) ist das Nationalgetränk Paraguays und Argentiniens. Es wird zwischen den Mahlzeiten getrunken. Zur Zubereitung gießt man Wasser (heiß oder auch kalt) über die klein geschnittenen trockenen Mateblätter.

Medellín (Seite 68)
Hauptstadt des Departamento *Antioquia*, auch «Blumenstadt» und «Stadt des ewigen Frühlings» genannt. Medellín liegt 1 540 m über dem Meeresspiegel, nordwestlich von Bogotá, eingebettet in eine Gebirgskette, und hat über 3,2 Millionen Einwohner im Großraum.

Medellín ist nicht nur wegen seiner Industrie bekannt (Textilprodukte, Kaffee, Gold, Silber), sondern auch als Kulturzentrum mit u. a. vier Universitäten und einer Fachhochschule.
Sehenswert sind, neben einigen Kirchen im Kolonialstil, das Anthropologische und das Ethnologische Museum sowie der Zoologische und der Botanische Garten mit seinen unzähligen Orchideen.
Die Bewohner der Region werden «paisas» oder auch «antioqueños» genannt.

México D. F. (Seite 76)
«México, Distrito Federal», die Hauptstadt des Landes, zählt heute schätzungsweise 25 Millionen Einwohner und ist die älteste Stadt Nordamerikas. Die Stadt liegt in 2 240 m Höhe, beherrscht von zwei bekannten Vulkanen: dem Popocatepetl (5 540 m) und dem Iztaccihuatl (5 286 m). Sie soll von Mexica- oder Aztekenstämmen gegründet worden sein.
Das Anthropologische Museum ist zweifellos eines der wichtigsten und interessantesten Museen der Welt. Besonders sehenswert sind außerdem u. a. der Park «Chapultepec», die Basilik von Guadalupe, der Nationalpalast, die Kathedrale, das Museum für moderne Kunst, das «Anahuacalimuseum» (präkolumbianische Schätze), die Universitätsstadt …

Museo de Oro (Seite 69)
Bogotá, die Hauptstadt Kolumbiens, hat als eine der größten Sehenswürdigkeiten das «Museo de Oro» (Goldmuseum) aufzuweisen. Über 14 000 indianische Goldschmiedearbeiten aus präkolumbianischer und spanischer Zeit sind in diesem Museum aufbewahrt.

Ñandutí (Seite 57)
Zarte Spitzentücher, *Mantillas*, Tischdecken usw., die aus Paraguay stammen. Sie werden aus Baumwoll- oder Palmfasern nach indianischen Mustern hergestellt.

Pabellón (Seite 46)
«Pabellón criollo» ist eines der bekanntesten und schmackhaftesten Gerichte Venezuelas. Es wird zubereitet aus Filetsteak in kleinen Stücken, Reis, schwarzen Bohnen und gebratenen Bananen; dazu Zwiebeln, Knoblauch und Kümmel.

Pastuzos (Seite 75)
Bewohner von Pasto, Kolumbien, im Südwesten des Landes. Sie genießen den Ruf, nicht gerade die aktivsten und intelligentesten Einwohner des Landes zu sein.

Petén (Seite 20)
Die Region von Petén, die etwa ein Drittel Guatemalas einnimmt, ist eine Kalksteinhochebene, die mit dichtem tropischem Regenwald bedeckt ist. Viele Ruinen alter Maya-Städte sind in dieser Zone entdeckt worden.

Puntarenas (Seite 31)
Ein bezaubernder Badeort an der Pazifikküste von Costa Rica. Auch zum Tiefseefischen ist Puntarenas ein idealer Ort.

Quetzal (Seite 23)
Der Quetzal-Vogel hat ein glänzendes blau-smaragdgrün-rotes Federkleid. Die Guatemalteken betrachten ihn als Symbol ihrer nationalen Freiheit, denn der Quetzal kann nicht in Gefangenschaft leben.
Die guatemaltekische Währung hat ihren Namen ebenfalls von diesem exotischen Vogel erhalten.

Salto del Ángel (Seite 41)
Die «Engel-Wasserfälle» sind die höchsten der ganzen Welt: 979 m. In sieben verschiedenen Kaskaden fällt das Wasser bis zum darunterliegenden See.

Sancocho (Seite 46)
In Venezuela, Kolumbien, Mexiko übliche, scharf gewürzte Hühnersuppe. Zutaten: Pfefferschoten, Koriander – sp: *cilantro* –, Avocado in dünnen Scheiben und verschiedene andere Gemüsesorten: Kürbis, Yucca, grüne Mehlbananen; dazu Zwiebeln, schwarzer Pfeffer und Gelbwurz.

Tikal (Seite 20)
Die bekanntesten Ruinen des Mayareichs liegen im Urwald von Petén, im Norden Guatemalas. Man nimmt an, dass die Bautätigkeit schon um 600 v. Chr. begann und bis ca. 950 unserer Zeitrechnung andauerte. Heute kann man dort über 3 000 Bauanlagen besichtigen, darunter den bekannten Tempel der zweihäuptigen Schlange und die Pyramide.

Titicacasee (Seite 60)
Größter See Amerikas mit 8 240 qkm Oberfläche, 180 km Länge, 80 km Breite und einer bis 500 m reichenden Tiefe. Der Titicacasee liegt 65 km von La Paz entfernt und diente als Lebensquelle verschiedener Kulturen.

Zipaquirá (Seite 69)
Die «Salzkathedrale» von Zipaquirá in den Salzminen von Venezuela ist eine eindrucksvolle unterirdische Kirche, die bis zu 15 000 Personen aufnehmen kann.

Abkürzungen

AmC	=	América Central
Am	=	amerikanisches Spanisch
bes. Am	=	besonders im amerikanischen Spanisch gebräuchlicher Ausdruck
Bol	=	bolivianisches Spanisch
Col	=	kolumbianisches Spanisch
CR	=	im Spanisch von Costa Rica gebräuchlicher Ausdruck
ej	=	ejemplo
etw	=	etwas
fam	=	familiär
hier:		in diesem Kontext hat das betreffende Wort eine andere Bedeutung
Mex	=	mexikanisches Spanisch
RPl	=	Spanisch aus dem La-Plata-Raum (Arg, Parag, Uru)
uc	=	una cosa
up	=	una persona
Ven	=	venezolanisches Spanisch